성경으로 읽는 영적 전쟁

당신이 하나님을 더 깊이 알아가고 더 널리 알리는 사람이 되는 것, 이 책에 담긴 도서출판 예수전도단의 마음입니다. 말씀을 통해 저자가 깨닫고, 원고를 통해 저희가 누릴 수 있었던 그 감동이 책을 통해 당신에게도 전해지기 원합니다. 그리고 당신을 통해 그 기쁨과 은혜가 더 많은 이에게 계속해서 흘러가기를 기도하겠습니다. 이 책을 통해 당신이 받은 은혜를 다른 분들에게도 나눠주십시오. 사랑하고 축복합니다.

성경으로 읽는 영적 전쟁

글 | 김창현

1 마음의 경**영**은 사람에게 있어도 말의 응답은 여호
와께로부터 나오느니라
2 사람의 행위가 자기 보기에는 모두 깨끗하여도 여
호와는 심령을 감찰하시느니라
3 너의 행사를 여호와께 맡기라 그리하면 네가 경영
하는 것이 이루어지리라
4 여호와께서 온갖 것을 그 쓰임에 **적**당하게 지으셨
나니 악인도 악한 날에 적당하게 하셨느니라
5 무릇 마음이 교만한 자를 여호와께서 미워하시나
니 피차 손을 잡을지라도 벌을 면하지 못하리라
6 인자와 진리로 인하여 죄악이 속하게 되고 여호와
를 경외함으로 말미암아 악에서 떠나게 되느니라
7 사람의 행위가 여호와를 기쁘시게 하면 그 사람의
원수라도 그와 더불어 화목하게 하시느니라
8 적은 소득이 공의를 겸하면 많은 소득이 불의를 겸
한 것보다 나으니라
9 사람이 마음으로 자기의 길을 계획할지라도 그의
걸음을 인도하시는 이는 여호와시니라
10 하나님의 말씀이 왕의 입술에 있은즉 재판할 때에
그의 입이 그르치지 아니하리라
11 공평한 저울과 접시 저울은 여호와의 것이요 주머
니 속의 저울추도 다 그가 지으신 것이니라
12 악을 행하는 것은 왕들이 미워할 바니 이는 그 보
좌가 공의로 말미암아 굳게 섬이니라
13 의로운 입술은 왕들이 기뻐하는 것이요 정직하게
말하는 자는 그들의 사랑을 입느니라
14 왕의 진노는 죽음의 사자들과 같아도 지혜로운 사
람은 그것을 쉬게 하리라

길을 지키는 자는 자기의 영혼을 보**전**하느니라
18 교만은 패망의 선봉이요 거만한 마음은 넘어짐의
앞잡이니라
19 겸손한 자와 함께 하여 마음을 낮추는 것이 교만한
자와 함께 하여 탈취물을 나누는 것보다 나으니라
20 삼가 말씀에 주의하는 자는 좋은 것을 얻나니 여호
와를 의지하는 자는 복이 있느니라
21 마음이 지혜로운 자는 명철하다 일컬음을 받고 입
이 선한 자는 남의 학식을 더하게 하느니라
22 명철한 자에게는 그 명철이 생명의 샘이 되거니와
미련한 자에게는 그 미련한 것이 징계가 되느니라
23 지혜로운 자의 마음은 그의 입을 슬기롭게 하고 또
그의 입술에 지식을 더하느니라
24 선한 말은 꿀송이 같아서 마음에 달고 뼈에 양약이
되느니라
25 어떤 길은 사람이 보기에 바르나 필경은 사망의 길
이니라
26 고되게 일하는 자는 식욕으로 말미암아 애쓰나니
이는 그의 입이 자기를 독촉함이니라
27 불량한 자는 악을 꾀하나니 그 입술에는 맹렬한 불
같은 것이 있느니라
28 패역한 자는 다툼을 일으키고 말**쟁**이는 친한 벗을
이간하느니라
29 강포한 사람은 그 이웃을 꾀어 좋지 아니한 길로
인도하느니라
30 눈짓을 하는 자는 패역한 일을 도모하며 입술을 닫
는 자는 악한 일을 이루느니라
31 백발은 영화의 면류관이라 공의로운 길에서 얻으

예수전도단

감사의 글

제대 후 복학하여 대학생 선교 단체에서 신앙 훈련을 받고 있었다. 그해 가을 어느 날, 한 학년 위 여자 선배가 할 말이 있다며 따로 만나자고 했다. 갓 복학한 남학생 입장에서 심장이 두근거릴 만한 제안이었다. 별로 교류가 없던 선배여서 약간 당황스럽기도 했다. 그래서 다른 선배에게 이야기를 하니 "그 자매 조심할 필요가 있어"라고 주의를 주었다.

약속한 날, 긴장과 두려움을 안고 약속 장소로 갔다. 선배는 인사를 나누자마자 성경책을 폈다. 본문은 요한복음 8장 1-11절, 간음하다 잡힌 여인에 대한 내용이었다. 한참 설교를 하더니 결론 부분에서 이렇게 말했다.

"형제님에게 음란의 영이 보입니다. 주님께 용서를 구하세요."

'방금 내가 무슨 말을 들은 거지?' 예상치 못한 충격에 머릿속이 복잡했다. 두 가지 이유 때문이었다. 첫째, 몇 번 보지도 않은 사람에게 이렇게 심한 말을 하는 이 사람의 정체는 도대체 무엇인가? 둘째, 스물세 살의 건강한 대학생 안에 어떻게 음란함이 없겠는가?

나는 본능적으로 자기방어를 했다.

"지금 무슨 말씀을 하시는 거예요?"

"형제님 안에 음란의 영이 가득합니다."

어떻게 마무리하고 헤어졌는지 기억이 나지 않을 정도로 화가 치밀었다. '별 이상한 사람이 다있네' 하고 생각하면서 애써 무시하고 잊어버리려 했지만 쉽지 않았다. 젊은 남성의 신체 반응이 일어나거나 예쁜 자매에게 눈길이 갈 때마다 환청처럼 그 목소리가 들렸다.

'형제님 안에 음란의 영이 가득합니다, 형제님 안에 음란의 영이 가득합니다….'

글로는 다 표현할 수 없을 정도의 고통과 죄의식에 시달려야 했다.

'내가 정말 음란의 영에 사로잡혔을까?'

'나는 어떻게 해야 하나?'

'나는 음란 귀신에 들린 것일까?'

몇 주 후, 그 선배의 정체를 알게 되었다. 그녀는 당시 많은 청년이 모이던 이단 교회 소속이었다. 그 교회는 인간의 모든 죄와 불행을 귀신과 연결 짓는 비성경적 귀신론을 가르쳤다. 졸음 마귀, 음란 마귀, 기침 마귀, 섭섭 마귀 등 모든 부정적인 것을 마귀와 연결시키는 것이 그들의 교리였다.

그 사건을 계기로 이단들의 잘못된 귀신론과 마귀론을 살피면서 성경적 영적 전쟁이 무엇인지 공부하기 시작했다. 귀신론에 빠진 이단들은 영적 전쟁에 대해 설명할 때 '적을 알고 나를 알면 백전백승'이라는 논리로 귀신과 마귀를 알아야 한다고 주장한다. 하지만 성경은 그런 주장을 뒷받침하지 않는다. 성경은 '하나님을 알라'고 명령한다(호 6:3; 단 11:32). 이단들은 성경을 교묘하게 왜곡하여 성도가 하나님으로부터 멀어져 사탄의 종 노릇을 하게 한다.

신학교에 들어갈 무렵에는 이 부분에 대해 어느 정도 정리가 되었고 사역이 분주하기도 해서 영적 전쟁이라는 주제를 잊고 지냈다. 그러던 중 DTS(Disciple Training School)를 통해 오랜 기간 예수전도단 안에서 축적된 영적 전쟁에 대한 이야기를 듣게 되었다. 그때 성경이 말하는 생생한 영적 전쟁의 이야기를 책으로 내고 싶은 마음이 생겼다.

예수전도단은 나에게 아버지의 마음을 알려준 고마운 곳이다. 기술적인 목회에서 아버지의 마음으로 목회할 수 있는 전환점을 제공했기 때문이다. ≪성경으로 읽는 영적 전쟁≫은 예수전도단에 대한 이러한 고마움을 담은 책이다. 이 책이 출간되기까지 우여곡절이 많았다. 그래서 더 애정이 간다. 부족한 글을 기꺼이 맡아서 작업해주신 도서출판 예수전도단의 대표님과 편집자들에게 감사의 마음을 전한다. 또한 바쁜 목회 사역을 이해하고 기도해주는 아내 신은영 사모와 세 아들(재원, 재민, 재준)에게도 감사의 마음을 전한다. 무엇보다 소풍교회 성도들이 있었기에 이 책이 세상에 나올 수 있었음을 고백하며 감사를 표한다.

2025년 1월

인천 소풍교회 목양실에서 김창현

CONTENTS

들어가며

영적 전쟁(Spiritual Warfare)이라고 하면 '귀신 내쫓는 사역'을 가장 먼저 떠올리는 것이 한국 교회의 여전한 현실이다. 영적 전쟁의 대상이 사탄과 악한 영들이기 때문에 귀신을 쫓아내는 것이 영적 전쟁의 한 영역임을 부정할 수는 없다. 예수님이 승천하면서 제자들에게 그분의 이름으로 귀신 쫓아내는 권세를 주신 것(막 16:17)과, 70명의 제자가 귀신을 항복시키고 사탄을 하늘로부터 떨어뜨리는 장면(눅 10:17-20)이 이를 증명한다. 그럼에도 불구하고 영적 전쟁을 축귀 사역으로 한정하는 것은 옳지 않다. 영적 전쟁은 에덴동산에서부터 종말에 이르기까지 진행되는 매우 광범위한 성경의 핵심 주제이기 때문이다.[1]

성경이 말하는 영적 전쟁

"세례 요한의 때부터 지금까지 천국은 침노를 당하나니 침노하는 자는 빼앗느니라" 마 11:12

1 "많은 그리스도인이 영적 전쟁을 특별한 형태의 사역으로 생각한다. 예를 들면 축사, 구출 사역 또는 어떤 유형의 중보 기도 등이다. 이런 것들이 영적 전쟁이라는 주제의 한 측면을 나타내는 것이 분명하지만, 영적 전쟁은 이보다 훨씬 더 광범위하고 모든 것을 망라한다." 클린턴 아놀드, ≪영적 전쟁의 정석≫*(Crucial questions about spiritual warfare)*, 한화룡 역(대서, 2016), 17.

이 구절은 오랫동안 한국 교회가 오해하고 있는 성경 구절 중 하나이다. '천국은 침노하는 자의 것'이라는 해석하에 열심과 헌신을 독려하는 구절로 사용되어왔다. 하지만 조금만 주의를 기울여 살펴보면 해석의 차이를 발견할 수 있다.

이 구절은 부정적인 해석과 긍정적인 해석이 가능하다. 개역개정은 부정적인 의미로 해석한다. 천국은 침노당하고 있으며 그 침노하는 자가 천국을 빼앗는다는 것이다.[2] 천국을 공격하여 빼앗는 실체는 사탄(Satan)이다. 사탄은 천국의 도래를 선포한 세례 요한과 천국 복음을 전하신 예수님을 공격하고 결국 죽음에 이르게 했다.

"세례자 요한 때로부터 지금까지, 하늘 나라는 힘을 떨치고 있다. 그리고 힘을 쓰는 사람들이 그것을 차지한다." 마 11:12, 표준새번역

표준새번역은 천국을 힘(통치, 다스림)의 개념으로 번역한다. 천국('하늘 나라')이 세례 요한 때부터 지금까지 이 땅에 영향력을 미치고 있으며, 천국 권세를 가진 사람들로 인해 확장된다고 말한다.

두 해석 모두 맞다. 하나님 나라는 어둠의 세력에게 끊임없이 공격당하고 있으며, 동시에 하나님의 사람들로 인해 확장되고 있다.

---

2 도날드 헤그너, ≪WBC 성경주석: 마태복음 1-13≫*(Word Biblical Commentary: Matthew 1-13)*, 채천석 역(솔로몬, 1999), 519-521.

즉 하나님 나라는 뺏고 뺏기는 전쟁터이다.

에덴동산은 하나님의 통치가 임하는 장소였다. 하나님은 이 통치를 아담과 하와에게 선물로 주셨다. 에덴동산은 하나님 나라에 비유되는데, 사탄이 침노하여 아담과 하와에게서 천국을 빼앗았다. 그리고 이 천국을 되찾기 위해 예수님이 이 땅에 오셨다.

예수님은 공중의 권세 잡은 사탄을 몰아내고 하나님 나라를 되찾아 그분의 자녀에게 다시 선물하신다. 하지만 사탄도 멈추지 않는다. 아담과 하와를 공격했듯이 다시 하나님의 자녀를 침노한다. 하나님의 자녀 역시 꺾이지 않는다. 하나님으로부터 권세를 위임받은 교회와 성도는 사탄의 공격에 대적하며 하나님 나라를 확장한다. 이 끊임없는 싸움이 바로 성경이 말하는 영적 전쟁이다.

영적 전쟁은 하나님 나라와 사탄 나라의 충돌이다.[3] 하나님의 통치가 임하는 곳을 사탄이 침입할 때 영적 전쟁이 일어난다. 반대로 사탄이 장악한 곳을 하나님 나라가 침노할 때도 영적 전쟁이 일어난다. 이 보이지 않는 엄청난 전쟁은 에덴동산에서부터 시작하여 인류의 마지막 때까지 계속된다.

---

3 "영적 전쟁은 기본적으로 하나님의 나라와 사탄의 나라 사이에서 일어나는 전쟁이다. 그리스도와 적그리스도 사이의 전쟁이다. 진리의 영과 거짓의 아비 사이의 전쟁이다. 우리는 좋든지 싫든지 전쟁터에 살고 있다." 닐 앤더슨&티모시 워너, ≪영적 전쟁 이렇게 하라≫*(The Beginner's Guide to Spiritual Warfare)*, 진희경 역(쉐키나, 2009), 58.

피할 수 없는 전쟁

에덴동산에서 아담과 하와를 미혹했던 뱀, 이 뱀을 사탄이라고도 하고 마귀라고도 한다(계 20:2). 사탄은 에덴동산에서부터 지금까지 하나님의 사람을 미혹하여 그들이 하나님을 떠나 대적하도록 하고 있다. 인간이 처음 패배한 영적 전쟁의 바로 그 현장에서, 하나님은 잃어버린 자녀를 되찾을 것이라고 승리를 선포하셨다.

> "내가 너로 여자와 원수가 되게 하고 네 후손도 여자의 후손과 원수가 되게 하리니 여자의 후손은 네 머리를 상하게 할 것이요 너는 그의 발꿈치를 상하게 할 것이니라 하시고" 창 3:15

창세기 3장 15절은 원시 복음(Proto-Evangelium)으로 잘 알려져 있다. '여자의 후손'은 예수 그리스도이고, '머리를 상하게 한다'는 것은 사탄의 세력을 멸하신다는 뜻이다. 이 말씀은 훗날 예수님이 사망의 권세를 이기심으로 입증되었다. 사망의 권세를 이겼다는 것은, 사탄은 패했고 잃어버린 하나님 나라가 회복되었음을 말한다. 하지만 이 하나님 나라는 이미(already)와 아직(not yet)의 긴장 속에 있다. 이미 성취했지만 아직 도래하지 않았다. 완성된 천국이 오고 있는 중이다.

천국이 도래하기까지 사탄은 하나님의 자녀를 끊임없이 공격한다. 그들의 목적은 복음이 전파되지 못하게 하는 것, 복음을 듣고도 믿지 못하게 하는 것, 이미 믿는 자들이 복음에서 떠나 하나님을 대적하게 하는 것이다.

> "용이 여자에게 분노하여 돌아가서 그 여자의 남은 자손 곧 하나님의 계명을 지키며 예수의 증거를 가진 자들과 더불어 싸우려고 바다 모래 위에 서 있더라" 계 12:17

사탄은 우리를 믿음에서 떠나게 하기 위해 여러 방면으로 공격한다(딤전 4:1). 물질주의(6:10), 핍박(벧전 5:8), 속임수(고후 2:11), 시험(고전 7:5), 거짓 선지자(고후 11:14), 거짓 이적(살후 2:9), 미혹(요일 4:6) 등이 사탄의 전략이다.

사탄은 우리가 영적 전쟁 자체를 오해하도록 만든다. 사탄은 본질적으로 속이는 자이고(계 12:9) 거짓의 아비다(요 8:44). 따라서 모든 그리스도인은 영적 전쟁에 대한 성경적인 이해와 분별력을 가져야 한다.[4] 사탄은 우리가 어떤 것을 오해하도록 미혹할까?

첫째, 싸움의 대상에 대한 오해이다. 영적 전쟁은 사람을 상대로 하지 않는다(엡 6:12). 하지만 사탄은 공격 대상을 속여 아군끼리 싸우게 만든다. 군사가 누구와 싸우는지를 착각한다면 패배하는

---

4 "모든 사탄의 시험이 목표로 하는 것은 결국 인간들이 하나님과 맺고 있는 관계를 단절시키고자 하는 것이다. … 그러나 만약 그리스도인들이, 사탄이 역사하고 있음에도 불구하고 그의 존재를 분별할 수 있는 능력이 없다면 적과의 전쟁을 승리로 이끌어갈 수는 없을 것이다." 마이클 스캔란&랜달 써너, ≪능력 대결≫*(Deliverance from evil spirits)*, 이재범 역(나단, 1995), 48-49.

것은 당연하다. 분열과 다툼에 빠진 교회를 보라. 상대편에 있는 성도와 싸우느라 정작 교회를 파괴하는 사탄의 계략을 분별하지 못할 때가 너무나 많다.

둘째, 싸움의 현장에 대한 오해이다. 영적 전쟁의 현장은 영적 세계가 아니다. 모든 그리스도인의 육체와 마음, 그리고 세상이다. 영적 전쟁은 육체 안에 있는 죄성과 싸우는 것이고, 마음을 파고드는 사탄의 미혹과 싸우는 것이며, 하나님을 대적하는 세상의 문화 및 가치관과 싸우는 것이다.

수많은 그리스도인이 일상에서 벌어지는 영적 전쟁을 제대로 이해하지 못한 탓에 너무도 쉽게 하나님 나라를 빼앗기고 있다. 오랜 시간 이름도 빛도 없이 신실하게 사역을 감당해온 목회자가 한 순간의 정욕을 제어하지 못해 모든 것을 잃어버리는 경우도 있다. 수십 년 동안 신앙생활을 해오신 분이 가까운 성도의 가시 돋친 말 한마디에 상처를 받아 믿음을 포기해버리기도 한다. 교회와 선교 단체에서 잘 훈련받은 신실한 청년들이 세상의 가치관 앞에 무기력하게 무너지곤 한다. 영적 전쟁은 관념적이거나 추상적인 것이 아니다. 날마다 부딪히는 일상이, 하루에도 수십 번씩 요동치는 내 마음이 바로 영적 전쟁의 현장이다.

셋째, 싸움의 당사자에 대한 오해이다. 영적 전쟁에는 특별한 은사가 필요하지 않다. 사탄과 귀신을 쫓아내는 신비한 사역도 아니다. 영적 전쟁을 사탄과 직접 대면하는 일종의 능력 대결(power encounter)로 생각하는 그리스도인이 많다. 영적 전쟁에 대한 오해는 성도를 위축시키고 사탄에 대한 과장된 두려움을 조장하여, 진짜 영적 전쟁에서 맥없이 패배하게 만든다.

이미 승리한 전쟁

하나님은 우리에게 "전신 갑주를 취하라"고 명령하신다(엡 6:13). 우리가 지금 전쟁 중에 있다는 것이다. 그렇다고 두려워할 필요는 없다. 예수님이 십자가의 부활로 이미 승리를 선포하셨기 때문이다(요 16:33). 하지만 이미 승리했더라도, 전쟁은 분명 부담스럽고 긴장되는 일이다.

고대 사회에서는 전면전에 앞서 군대 대장이 대표로 싸움을 했다. 많은 경우 전쟁의 성패가 바로 이 대장들의 싸움에 달려 있었다. 성경에 나오는 다윗과 골리앗의 싸움이 대표적인 예이다. 이스라엘 군대는 분명 블레셋에 비해 열세였지만, 다윗이 골리앗을 이기자 큰 승리를 거두었다. 이 전쟁에 동참한 군사들에게는 전리품이 상급으로 주어졌다(삼상 17:50-54).

우리의 군대 대장되신 예수님이 죄의 우두머리인 사망을 이기셨다(롬 5:14-21). 그렇다고 우리 삶의 모든 문제가 해결된 것은 아니다. 예수님은 승리하셨지만 전쟁은 아직 끝나지 않았다. 우리에게는 여전히 수많은 죄의 문제들이 남아 있다. 남은 전쟁은 이제 우리의 몫이다.

예수님이 승리하셨기 때문에 남은 전쟁도 승리하게 되어 있다(고전 15:57). 이미 패배한 사탄과 그 졸개들은 겁에 질려 있다. 우리는 예수님이 주신 승리를 믿고 싸움에 임하면 된다. 충성스럽게 전쟁에 참여한 자들에게는 전리품이 돌아갈 것이다. 군사로 부름받은 그리스도인은 영적 전쟁을 두려워하지 말고 담대하게 동참하여, 하나님이 예비하신 영광의 상급을 받아야 한다(계 21:7).

영적 전쟁에 임하는 모든 그리스도인은 다음의 일곱 가지 사실을 기억해야 한다.

1. 사탄은 에덴동산에서부터 하나님의 자녀를 공격했다_창 3:15
2. 사탄은 예수님이 재림하실 때까지 믿는 자들을 공격할 것이다_계 12:17
3. 영적 전쟁에서 제외된 그리스도인은 아무도 없다_딤전 6:12
4. 사탄의 공격은 교묘하기 때문에 영적 분별력을 가져야 한다_엡 6:12
5. 영적 전쟁은 성경에 기초한 믿음의 싸움이다_요일 5:4-5
6. 그리스도인은 영적 전쟁에서 반드시 승리한다_요 16:33
7. 하나님은 영적 전쟁을 통해 우리에게 상 주기를 원하신다_계 21:7

1장
성경 속에 흐르는 영적 전쟁

"내가 너로 여자와 원수가 되게 하고 네 후손도 여자의 후손과
원수가 되게 하리니 여자의 후손은 네 머리를 상하게 할 것이요
너는 그의 발꿈치를 상하게 할 것이니라 하시고"

창 3:15

고대부터 인류는 영적 세계를 선과 악으로 구분했다. 선한 영적 존재가 복을, 악한 영적 존재가 불행을 가져다준다고 믿었다. 또한 영적 존재들 안에 일정한 질서와 대결이 있다고 생각했다.

영적 세계에 대한 동양의 이해에는 음양(陰陽) 이론이 반영되었다.[5] 이것은 한국의 전통 문화에 그대로 담겨 있고, 한국 교회와 성도에게도 여전히 영향을 미친다. 영적 세계에 대한 서양의 이해는 신화와 이교도 문화가 지배적이었다. 교회가 유럽을 지배하던 중세 시대도 마찬가지였다. 이러한 이해를 기초로 한 다양한 문화와 미디어가 영적 세계에 대한 오해를 가중시키고 있다.

---

5 이찬수, "믿는 만큼 경험한다", ≪우리에게 귀신은 무엇인가?: 한국 종교의 귀신론≫(모시는 사람들, 2010), 25.

성경에 근거하지 않은 영적 세계에 대한 이해는 극단으로 치닫는다. 지나친 두려움과 지나친 무관심이다.[6] 악한 영적 존재에 대한 지나친 두려움은 인간사에 일어나는 모든 악한 일이 사탄이나 귀신의 영향이라고 믿게 만든다. 교회 안에서는 비성경적 귀신론이나 신비주의, 은사주의 등으로 나타난다.

반대로 이성과 과학이 발달하면서 인간의 질병이나 고통의 원인을 더 이상 영적인 것에서 찾지 않게 되었다. 이것은 영적인 두려움으로부터 사람들을 자유롭게 한 면도 있지만 영적 세계에 대한 무관심을 만든 원인이기도 하다.

영적 세계에 대한 성경적인 이해는 극단적 신앙으로부터 성도를 보호할 수 있다. 영적 전쟁에 대한 이해는 영적 세계의 질서에 대한 이해이다. 모든 그리스도인은 영적 전쟁 중에 있기 때문에 성경을 통해 영적 세계를 제대로 이해해야 한다.[7] 이제 영적 세계의 질서를 알려주는 영적 전쟁의 시작점을 찾아가보자.

---

6 "악마에 대해 생각할 때 우리 인류가 빠지기 쉬운 두 가지 오류가 있습니다. 그 내용은 서로 정반대이지만 심각하기는 마찬가지인 오류들이지요. 하나는 악마의 존재를 믿지 않는 것입니다. 또 다른 하나는 악마를 믿되 불건전한 관심을 지나치게 많이 쏟는 것입니다." C. S. 루이스, ≪스크루테이프의 편지≫*(Screwtape letters)*, 김선형 역(홍성사, 2000), 서문.

7 "교회는 이 땅에서 일종의 전쟁 상태에 있다고 할 수 있다. 육신을 따르는 삶과 영을 따르는 삶이 그 안에서 서로 싸운다." 레슬리 뉴비긴, ≪교회란 무엇인가≫*(The Household of God)*, 홍병룡 역(IVP, 2010), 98.

에덴에서 시작된 전쟁

영적 전쟁은 인류와 함께 시작되었다. 에덴동산에서부터 함께 있던 사탄은 사람들을 미혹하여 하나님을 대적하게 만들었다(창 3:1-5). 하나님의 통치를 받던 아담과 하와에게 침노한 사탄, 그리고 맥없이 무너진 인간의 모습이 창세기 3장에 기록되어 있다.

창세기 3장을 교차 대구법(chiastic structure)으로 살펴보면 에덴에서부터 시작된 영적 전쟁을 구체적으로 들여다볼 수 있다. 뿐만 아니라 성경 전체를 영적 전쟁의 시점으로 보는 통찰력을 얻게 된다. 창세기 3장 중 타락 이야기가 나오는 9-19절을 교차 대구법으로 구성하면 다음과 같다.[8]

A – 아담의 범죄(9-11절)

B – 여자의 범죄(12-13절)

X – 뱀에 대한 심판(14-15절)

B' – 여자에 대한 심판(16절)

A' – 아담에 대한 심판(17-19절)

성경은 중요한 내용을 강조하기 위해 반복, 독특한 어휘, 숫자 등을 사용한다. 그중 교차 대구법은 문장의 배열을 대구로 진행

---

8 H. Van Dyke Parunak, *"Oral Typesetting: Some Uses of Biblical Structure"*, Biblica Vol. 62, No. 2, (Leuven: Peeters Publishers, 1981), 164-165.

하여 문맥 속에서 자연스럽게 강조점이 드러나게 하는 방식이다. 창세기 3장 9-19절은 '아담-여자-뱀-여자-아담'의 순서로 이야기를 진행하며 그 중심에 '뱀에 대한 심판'을 둔다. 성경은 특히 15절에 독자의 시선을 집중시킨다.

> "내가 너로 여자와 원수가 되게 하고 네 후손도 여자의 후손과 원수가 되게 하리니 여자의 후손은 네 머리를 상하게 할 것이요 너는 그의 발꿈치를 상하게 할 것이니라 하시고" 창 3:15

너(사탄)	여자	원수가 되게 하리라
네 후손 (seed of the serpent)	여자의 후손 (seed of the woman)	
여자의 후손	네(사탄) 머리	상하게 할 것이라
너(사탄)	그(여자의 후손)의 발꿈치	

여자와 원수가 된 사탄

창세기 3장 15절은 영적 전쟁의 시작을 보여주는 매우 중요한 부분으로, 여자의 후손을 통해 빼앗긴 하나님 나라를 회복한다는 메시지를 담고 있다. 이 구절은 성경 전체에 흐르는 구속의 역사를 해석하는 중요한 열쇠가 된다.[9]

9 James R. Graham, *The Divine Unfolding of God's Plan of Redemption*(Grand Rapids:

첫째, 성경은 여자와 뱀(사탄)이 원수가 된다고 말한다. 여자가 사탄의 머리를 상하게 할 '여자의 후손'을 낳을 것이기 때문이다. 여기서 여자는 하와를 뛰어넘는다. 성경은 하와를 "모든 산 자의 어머니"라고 설명하며 보다 큰 의미로 확대한다(창 3:20). '여자'가 한 개인을 의미하는 일반명사가 아닌, 하와로부터 시작된 참된 생명을 소유한 모든 후손을 일컫는 집합명사로 사용되는 것이다.

성경은 여자의 개념을 계속 끌고 가는데, 구약 성경에서는 하나님의 신부인 이스라엘로 나타난다(사 62:5). 하나님은 범죄한 인류 가운데서 믿음의 조상 아브라함을 선택하여 이스라엘 민족을 만드신다(창 12:1-3). 하지만 이스라엘은 하나님에게 아내로서의 책임을 다하지 못하고 우상을 섬겨 간음한 여인이 된다(렘 3:8). 하나님은 정결한 신부를 새롭게 찾으시며, 이 처녀를 통해 여자의 후손이 태어난다(사 7:14).

신약에 들어와 여자와 여자의 후손이 명확히 드러난다. 바로 마리아와 예수 그리스도이다(눅 1:26-38). 마리아는 한 여인이 아닌 새로운 하와의 모습으로 등장한다. 요한복음에서 예수님은 마리아에게 "여자여"라는 호칭을 사용하신다(요 2:4; 19:26). 하와처럼 하나님의 생명(씨)을 품은 모든 자들이 하나님의 신부가 되었듯이, 마리아처럼 예수님의 생명을 품은 자들은 예수님의 신부가 된다는 의미다. 이후에는 이 신부를 "교회"라고 칭한다(엡 5:25-27).

Kessinger Publishing, 2011), 64.

여자의 후손	사탄의 후손
아벨	가인
셋의 후손	가인의 후손
노아의 후손	함의 후손
사라의 후손(이삭)	하갈의 후손(이스마엘)
야곱	에서
요셉	요셉의 형들
이스라엘	애굽, 가나안 일곱 족속, 이방 민족
교회	세상

여자의 후손과 원수가 된 사탄의 후손

둘째, 여자의 후손과 사탄의 후손이 원수가 된다. 여자의 후손은 단수로 기록되었지만 이중적 의미가 있다.[10] 단수로는 훗날에 오실 예수님을 의미한다. 복수로 보면 여자가 낳은 모든 후손을 의미하는데 결국 이들은 예수님의 계보가 된다.

여기서 눈여겨보아야 할 부분이 있다. 여자의 후손과 사탄의 후손 간 관계이다. 성경은 여자의 후손과 사탄의 후손 사이에 충돌이 있을 것이라고 선언한다. 사탄의 후손은 사탄의 통치를 받는 자들을 의미한다. 이들은 하나님을 대적하고 하나님의 후손을 공

10 "씨(자손)라는 용어는 히브리어에서는 집단으로서의 자손 전체를 가리킬 수도 있고, 어떤 한 자손 개인을 의미할 수도 있습니다." 에드먼드 클라우니, ≪구약에 나타난 그리스도≫ *(Discovering Christ In The Old Testament)*, 네비게이토 역(네비게이토, 1991), 38.

격한다.[11] 그 배후에는 사탄이 있으며 사탄의 궁극적 목적은 여자의 후손이 이 땅에 태어나지 못하게 하는 것이다. 이것은 신구약 성경 전체를 관통하는 중요한 흐름이 된다.

여자의 한 후손과 원수가 된 사탄

여자의 후손을 단수로 볼 때는 그 대상이 예수 그리스도로 명확하게 드러난다. 여자의 후손은 훗날 사탄의 머리를 상하게 할 것이다. '상하다'(슈프, *šûp̄*)는 '깨뜨리다, 짓밟다, 분쇄하다'는 의미로, 사탄의 완전한 멸망을 예언하는 말이다. 그래서 이 구절은 원시 복음으로 불린다.[12]

자신의 운명을 선고받은 사탄은 어떤 방법을 동원해서라도 여자의 후손이 이 땅에 오는 것을 막으려 했다. 이로 인해 여자와 여자의 후손은 사탄의 필연적인 공격 대상이 되었다. 이것이 영적 전쟁의 시작점으로, 성경 전체가 이들 간의 치열한 갈등과 다툼을 그리고 있다.[13]

---

11 "여기서 우리는 사단의 아들들과 하나님의 아들들, 어둠의 자식들과 빛의 자녀들에 관해 듣는다. 창세기의 모든 족속은 두 씨의 예언에 관한 전개이며, 이는 전체 성경을 통해 계속해서 내려오는 종족의 역사이다." 워렌 오스틴 게이지, ≪창세기의 복음≫*(Gospel of genesis studies in protology and eschatology)*, 손석태 역(솔로몬, 1999), 127.

12 송병현, ≪엑스포지멘터리: 창세기≫(국제제자훈련원, 2010), 134.

13 "이 구절은 성경에 나오는 첫 번째 복음이다. 이것이 바로 창세기의 복음이다. 하나님은 주권을 갖고 계시며, 그는 선악의 영원한 반복을 규정하신다. 이 선악 간의 반목은 그리스도의 교회와 사단의 무리들 간의 반목을 의미한다(롬 16:20; 계 12:1-17)." 워렌 오스틴 게이지, ≪창세기의 복음≫, 127.

여자의 후손과 하나님의 씨

창세기 3장 15절에서 선언된 사탄에 대한 심판은 즉각적으로 이루어지지 않는다. 여자의 후손인 예수 그리스도의 오심을 기다려야 하는데, 그분은 여자의 후손 계보를 통해 태어나신다. 이것이 성경의 족보 이야기다. 이 족보는 단순한 혈통에 대한 것이 아닌, '하나님의 씨'를 품은 믿음의 계보이다.[14]

하나님은 그분의 백성을 미혹하여 범죄하게 한 사탄을 직접 심판하신다. 이 위대한 사역에 여자의 후손, 즉 믿음의 사람을 동참시키신다. 이들은 완벽하거나 탁월한 인물이 아닌 연약하고 평범한 사람들이다. 하나님이 이들을 선택하신 이유는 단 한 가지, 바로 믿음이다(롬 4:13).

하나님은 예수 그리스도를 이 땅에 보내시는 과정에 하나님의 씨를 품은 믿음의 사람들을 사용하신다. 사탄은 필사적으로 이 씨를 공격하려 하고, 하나님은 이 씨를 순결하게 보존하기 위해 인간 역사에 개입하신다.

종말에 완성되는 전쟁

구약 성경은 여자의 후손이 태어나지 못하게 하려는 사탄의 공격과, 여자의 후손을 완성해가시는 하나님의 열심을 그린다. 신약

14 최종진, ≪구약 성서의 족보적 연구≫(서울신학대학교출판부, 2010), 87.

성경에 와서 복음서는 예수님의 발꿈치를 상하게 하려는 사탄의 시도와 사탄의 머리를 짓밟는 예수님의 능력을 보여준다. 이것이 바로 십자가의 승리다. 나머지 신약 성경은 예수님의 생명을 간직한 교회 공동체와 사탄의 세력 간에 벌어지는 전투를 그린다.

수고로이 해산하는 여자

> "하늘에 큰 이적이 보이니 해를 옷 입은 한 여자가 있는데 그 발 아래에는 달이 있고 그 머리에는 열두 별의 관을 썼더라 이 여자가 아이를 배어 해산하게 되매 아파서 애를 쓰며 부르짖더라" 계 12:1-2

에덴동산에서 사탄의 미혹에 빠졌던 '여자'가 인류의 마지막을 보여주는 계시록에 다시 등장한다. 이 여자는 해산하는 수고를 통해 '아이'(여자의 후손)를 낳는다. 성경은 이 여자에 대해 '해', '달', '열두 별'이라는 수식어를 사용한다. 이는 요셉의 꿈이 자연스럽게 떠오르는 표현으로(창 37:9), 구약적 배경을 통해 하나님 백성의 아름다움을 묘사하고 있다(사 62:3, 5).[15] 이 여인은 하나님의 신부인 교회를 의미한다.

여인은 아이를 잉태했는데 해산하는 고통이 매우 심하다. 이 아이가 바로 예수 그리스도임을 이후 구절들을 통해 명확히 알 수 있다(계 12:5). 이 여인의 모습은 "임신하는 고통을 크게 더하리

15 이필찬, ≪내가 속히 오리라≫(이레서원, 2010), 525-526.

니 네가 수고하고 자식을 낳을 것"(창 3:16)이라는 말씀을 떠오르게 하며, 이는 예수님이 이 땅에 오시기까지의 수고로운 과정을 함축적으로 설명한다.

여자의 후손을 삼키려는 큰 붉은 용

> "하늘에 또 다른 이적이 보이니 보라 한 큰 붉은 용이 있어 머리가 일곱이요 뿔이 열이라 그 여러 머리에 일곱 왕관이 있는데 그 꼬리가 하늘의 별 삼분의 일을 끌어다가 땅에 던지더라 용이 해산하려는 여자 앞에서 그가 해산하면 그 아이를 삼키고자 하더니 여자가 아들을 낳으니 이는 장차 철장으로 만국을 다스릴 남자라 그 아이를 하나님 앞과 그 보좌 앞으로 올려가더라"
>
> 계 12:3-5

여자의 후손으로 인해 머리가 상할 것을 안 사탄은 약속된 후손이 태어나지 못하도록 끊임없이 공격한다. 조롱, 결박, 학대 혹은 순교의 고난에도 불구하고, 세상이 감당치 못한 믿음의 선배들을 통해 드디어 두 번째 아담인 예수 그리스도가 이 땅에 태어나신다(히 11:36-40).

여자의 후손이 이 땅에 오자 사탄의 공격은 더욱 강력해진다. 요한계시록은 사탄을 '큰 붉은 용'으로 부르며 그가 타락한 천사들과 함께 여자의 후손을 없애려 하는 모습을 묘사한다.

실제로 사탄의 공격은 예수님의 탄생부터 집요하게 가해졌다.

사탄은 통치자 헤롯을 통해 2세 미만의 베들레헴 아이들을 죽였다(마 2:16). 이후에도 계속된 공격에 실패하자, 결국 당시 유대 사회의 실세인 종교 지도자들(요 11:47-50)과 민란을 두려워한 본디오 빌라도(마 27:24)를 이용하여 예수님을 십자가에 달려 죽게 했다.

사탄은 십자가에 달린 예수님을 보며 환호했을 것이다. 자신의 머리를 상하게 할 주체를 죽였기 때문이다. 그러나 착각이었다. 사탄은 최강 무기인 사망을 사용했지만, 예수님은 사망을 이기고 부활하여 승천하셨다. 사탄은 예수님의 발꿈치를 상하게 할 뿐이었지만, 예수님은 사망을 이김으로써 사탄의 머리를 상하게 하신 것이다.

땅으로 내쫓긴 사탄

> "하늘에 전쟁이 있으니 미가엘과 그의 사자들이 용과 더불어 싸울새 용과 그의 사자들도 싸우나 이기지 못하여 다시 하늘에서 그들이 있을 곳을 얻지 못한지라 큰 용이 내쫓기니 옛 뱀 곧 마귀라고도 하고 사탄이라고도 하며 온 천하를 꾀는 자라 그가 땅으로 내쫓기니 그의 사자들도 그와 함께 내쫓기니라" 계 12:7-9

요한계시록은 예수님의 승천 과정 중에 일어난 천상의 전투를 소개한다. 이는 복음서에는 언급되지 않은 부분이다. 사탄은 사망을 이기고 부활하여 승천하시는 예수님을 다시 잡아 죽이기 위해 하늘로 향한다. 이때 천사 미가엘과 그의 사자들이 사탄과 타락한 천사들을 상대로 싸운다. 결국 사탄과 타락한 천사들은 하늘에 있을 곳을 얻지 못하고 땅으로 쫓겨난다.

성경은 '큰 용'과 '옛 뱀'이 사탄임을 알려준다.[16] 이것은 요한계시록 12장과 창세기 3장이 긴밀하게 연결되어 있음을 보여준다. 에덴동산에서 여자(하와)를 미혹했던 뱀, 역사 속에서 하나님의 씨를 품은 자들을 핍박했던 실체, 예수님을 십자가에 달려 죽게 한 배후, 그리고 예수님의 승천 이후 이 땅에서 여전히 교회를 핍박하는 세력이 실은 동일한 존재인 것이다.

여자와 여자의 남은 자손을 박해하는 사탄

> "그 여자가 광야로 도망하매 거기서 천이백육십 일 동안 그를 양육하기 위하여 하나님께서 예비하신 곳이 있더라" 계 12:6
>
> "용이 자기가 땅으로 내쫓긴 것을 보고 남자를 낳은 여자를 박해하는지라" 계 12:13
>
> "용이 여자에게 분노하여 돌아가서 그 여자의 남은 자손 곧 하나님의 계명을 지키며 예수의 증거를 가진 자들과 더불어 싸우려고 바다 모래 위에 서 있더라" 계 12:17

---

16 데이비드 E. 아우내, ≪WBC 성경주석: 요한계시록 6-16≫*(Word Biblical Commentary: Revelation 6-16)*, 김철 역(솔로몬, 2004), 577.

예수님을 향한 사탄의 공격은 실패로 끝났지만 그 대상을 바꾸었을 뿐 여전히 진행 중이다. 이전까지의 공격은 여자의 후손이 태어나지 못하게 하는 것이었다면, 이제는 예수님을 낳은 여자를 향한 공격으로 방향이 바뀌었다. 예수님을 낳은 여자는 교회를 의미한다.

하지만 두려워할 것 없다. 하나님은 인류에게 주어진 기간(1,260일) 동안 예수님을 낳은 여자, 즉 교회를 보호하겠다고 약속하셨기 때문이다.

하나님이 여자를 보호하시는 장소는 '광야'이다. 광야는 이스라엘 백성이 애굽을 나와 하나님의 인도를 받은 곳이다.[17] 거칠고 척박하지만, 그곳에서 하나님은 만나와 메추라기, 구름 기둥과 불기둥으로 이스라엘을 철저히 보호하고 인도하셨다.

하나님의 신부된 교회가 광야로 보내진 것은 큰 고난이다. 하지만 이 광야에서 교회는 정결해지고 믿음이 자라고 하나님을 경험하게 된다. 교회는 고난으로 여기겠지만, 사탄으로부터 교회를 보호할 수 있는 최고의 방편이 바로 광야이다.

사탄의 또 다른 공격 대상이 소개된다. 여자의 남은 자손이다. 이들은 하나님의 계명을 지키며 예수님의 증거를 가진 자, 곧 그리스도인이다.[18] 예수님을 영접한 순간 우리는 사탄의 표적이 되

---

17 이필찬, ≪내가 속히 오리라≫, 538.

18 "여자의 후손의 남은 자들은 교회 공동체로 여자 자신과 별개의 존재가 아니라는 사실을

었고 영적 전쟁터에 들어갔다.

이것은 혈과 육의 전쟁이 아니다. 사탄은 우리의 마음을 미혹하고(고후 11:3), 육체의 죄성을 자극하여 범죄하게 하며(요일 3:8), 세상의 통치자와 권세와 어둠의 주관자들을 통해 교회와 성도를 핍박하고 있다(엡 6:12; 요 15:18).

종말, 영적 전쟁의 끝

> "티끌을 자기 머리에 뿌리고 울며 애통하여 외쳐 이르되 화 있도다 화 있도다 이 큰 성이여 바다에서 배 부리는 모든 자들이 너의 보배로운 상품으로 치부하였더니 한 시간에 망하였도다 하늘과 성도들과 사도들과 선지자들아, 그로 말미암아 즐거워하라 하나님이 너희를 위하여 그에게 심판을 행하셨음이라 하더라" 계 18:19-20

영적 전쟁은 교회와 성도에게 결코 쉽지 않은 싸움이다. 요한계시록 2-3장에 등장하는 소아시아의 일곱 교회는 완성되지 않은 지상 교회의 모습을 보여준다. 이 교회들은 다양한 영적 전쟁 중에 있는 역사 속의 모든 교회를 의미한다.[19] 율법주의, 순교와 핍

알 수 있다." 같은 책, 558.

19 "일곱 교회 각각에게 전해진 메시지는 모든 시대 교회의 특징적인 면들을 제시해준다. … 이것은 일곱 메시지가 하나님의 모든 자녀들에게 주어지는 매일의 경험을 그리스도와 사탄 사이의 우주적 투쟁에 연결시키고 있다는 것을 의미한다. 그 우주적 전쟁의 결과는 이미 십자가에서 결정이 났지만 그리스도의 재림에서 승리의 극치를 이룰 때까지 계속될 것이다." 이필찬, ≪요한계

박, 혼합주의, 이단, 경제적 어려움, 은사주의, 물질주의 등의 공격은 매우 실제적이고 교묘하다.

이렇게 연약한 교회들이 천상의 아름다운 교회로 완성되는 과정이 바로 여자가 광야로 내보내진 세월이다(계 12:6). 이것은 믿음을 지켜내는 영적 전쟁의 과정이기도 하다. 이 싸움에서 이기는 자들은 마침내 상급, 곧 하나님 자녀의 권세를 얻게 된다(21:7).

이 전쟁은 종말에서야 끝난다. 교회와 성도는 계속되는 영적 전쟁에 지칠지라도 끝까지 믿음을 지켜내야 한다(유 1:20-21). 사탄은 두려움을 자극하여 전쟁을 포기하게 만들지만, 우리에게는 승리가 보장되어 있다는 것을 기억하라. 예수 그리스도는 "아마겟돈" 전쟁을 통해 사탄의 권세를 완전히 깨뜨리고 영적 전쟁의 승리를 완성하실 것이다(계 16:12-16; 18:21-24).

"이것들을 증언하신 이가 이르시되 내가 진실로 속히 오리라 하시거늘 아멘 주 예수여 오시옵소서" 계 22:20

시록 어떻게 읽을 것인가≫(성서유니온선교회, 2009), 51.

영적 전쟁에 대한 이해는 영적 세계의 질서에 대한 이해이다.
모든 그리스도인은 영적 전쟁 중에 있기 때문에
성경을 통해 영적 세계를 제대로 이해해야 한다.

2장
구약 시대의 영적 전쟁

"그러므로 의인 아벨의 피로부터 성전과 제단 사이에서
너희가 죽인 바라갸의 아들 사가랴의 피까지
땅 위에서 흘린 의로운 피가 다 너희에게 돌아가리라"

마 23:35

하나님 나라를 침노한 사탄의 세력은 아담과 하와를 미혹하여 범죄하게 했다. 이에 하나님은 타락한 인류 가운데 하나님의 씨를 여자의 후손으로 태어나게 하여 그분의 나라를 회복하고자 하셨다. 이 놀라운 계획을 막기 위해 사탄과 그 후손은 여자와 그 후손을 공격한다. 이 이야기가 구약 성경 전체를 관통한다.

예수님은 이 과정을 마태복음 23장 35절에서 '의인 아벨의 피로부터 성전과 제단 사이에서 너희가 죽인 바라갸의 아들 사가랴의 피까지'라고 표현하신다. 사탄의 공격은 아담과 하와의 아들 아벨부터 구약의 마지막 선지자로 불리는 사가랴까지 계속되었다.[20]

---

20 "스가랴(사가랴)는 유태인 정경에 기록된 마지막 순교자였다. 유태인 정경에서 역대기는 마지막 책인데, 역대기가 기록하는 마지막 순교자가 스가랴이기 때문이다." 송병현, ≪엑스포지멘터리: 역대하≫(국제제자훈련원, 2015), 292.

여자의 후손인 예수님의 탄생을 막기 위해서였다.

아벨에서 노아까지

'여자의 후손이 사탄의 머리를 상하게 할 것'이라는 말씀은 사탄에게 치명적인 선언이다. 이는 여자의 후손이 사탄의 머리를 깨뜨리고 하나님 나라를 회복할 당사자라는 뜻이기 때문이다. 여자의 후손은 마침내 사탄을 진멸하고 온 땅의 주인이 하나님임을 선포할 것이다.

아벨을 공격한 가인

사탄은 여자의 후손이 태어나는 것을 필사적으로 막아야 했다. 여자의 후손은 하나님의 때에 하나님의 방법으로 올 것인데, 그때까지 하나님의 씨는 믿음의 자손을 통해 이어진다.

에덴동산에서 쫓겨난 아담과 하와의 가정에 아들이 태어났다. 가인과 아벨이다. 첫 번째 씨의 전달자는 아벨이었다. 사탄이 하나님의 씨를 품은 믿음의 사람 아벨을 공격하려 한 것은 당연하다. 하지만 사탄은 영적 존재이기 때문에 직접 공격하지는 못하고 다른 사람을 미혹하여 이용하는데, 그가 가인이다.

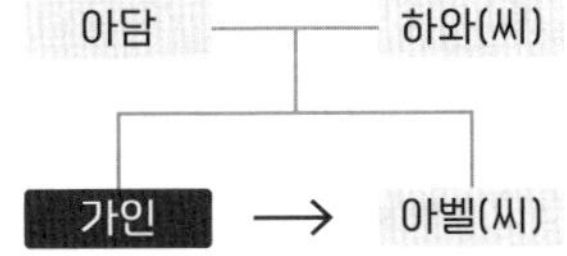

가인과 아벨이 함께 예배를 드렸지만, 하나님은 아벨의 예배만 받고 가인의 것은 거절하셨다(창 4:4-5). 가인은 아벨을 죽이고 싶을 정도로 분노했다. 이때 하나님이 개입하신다(6-7절). 하나님의 씨를 보호하시기 위해서다.

사탄은 분노와 시기심, 비교 의식을 자극하여 가인의 마음을 완전히 장악했다. 가인은 하나님의 다스림을 거절했고, 결국 아벨을 죽이기에 이른다(8절). 사탄은 아벨을 죽이면 여자의 후손 계보가 끊어질 것이라고 생각했을 것이다.[21] 하지만 하나님은 다른 씨를 준비하셨는데 그가 셋이다(25절).[22]

여호와 앞을 떠난 가인의 후손

하나님의 씨를 품은 아벨은 사탄에게 미혹된 가인에 의해 죽임을 당했다. 인류 최초의 살인 사건이었다. 이 일에 대한 형벌로 하나님은 가인에게 "네가 밭을 갈아도 땅이 다시는 그 효력을 네게 주지 아니할 것"(창 4:12)이라고 말씀하셨다. 가인은 또다시 분노하고 "여호와 앞을 떠나서 에덴 동쪽 놋 땅에 거주하[며]" 에녹성을 쌓았다(16-17절). 이곳에서 가인의 후손은 하나님의 질서에 역행하는

---

21 최종진, ≪구약 성서의 족보적 연구≫, 217-218.

22 "하나님이 구속의 계보를 보존하기 위해 여자에게 또 다른 의로운 씨를 주시는 것처럼 구속의 역사와 관련한 하나님의 예언을 성취하기 위해 뱀의 씨의 보존도 명하신다(창 3:15). 이 경쟁하는 씨의 보존은 하나님의 구원의 모든 계획이 완성될 때까지 계속될 것이다." 워렌 오스틴 게이지, ≪창세기의 복음≫, 141.

문화를 이룬다.[23]

- 일부다처제 문화: "라멕이 두 아내를 맞이하였으니" (창 4:19)
- 계급 문화: "그는 장막에 거주하며" (20, 23절 참고)
- 유흥 문화: "그는 수금과 퉁소를 잡는 모든 자의 조상이 되었으며" (21절)[24]
- 기술 문화: "그는 구리와 쇠로 여러 가지 기구를 만드는 자요" (22절)
- 지배 계급을 위한 법 제정: "라멕을 위하여는 벌이 칠십칠 배이리로다" (24절)[25]

가인의 후손이 만든 문화의 핵심은 힘의 질서이다. 힘을 길러 성을 쌓은 후 여러 여자를 거느리고, 약한 사람을 노예로 삼고, 장막에 거하며 유흥을 즐기고, 최신 기술로 편의를 추구하며, 지배 계급의 기득권을 보호하기 위해 법을 제정했다.

하나님 나라는 수평적 질서(horizontal order)를 추구하는 반면,

---

23 "여기 하나님이 빠진 인간 위주의 문화가 있다. 그것은 인간 속에 집중된 아집과 교만이다. 이 문화는 하나님에 관한 개념은 물론이거니와 형제를 사랑해야 할 자로서의 인간의 개념까지 상실한 문화이다." 프란시스 쉐퍼, ≪창세기의 시공간성≫*(Genesis in space and time)*, 권혁봉 역(생명의말씀사, 1995), 117.

24 "귀족 계급은 예술과 문화를 향유할 수 있는 한가함을 가질 수 있기 때문에 자신의 특권을 정당화함에 있어 유용한 수단을 갖게 된다. 이러한 예술과 문화의 향유는 세련된 형태의 막대한 낭비며, 생계를 공급하지 않은 사람들의 권태로움에 의해 더욱 촉진되고 심화된다." 라인홀드 니버, ≪도덕적 인간과 비도덕적 사회≫*(Moral man and immoral society)*, 이한우 역(문예출판사, 1995), 139-140.

25 천사무엘, ≪성서주석 1: 창세기≫(대한기독교서회, 2001), 117.

사탄의 나라는 힘의 질서인 수직적 질서(vertical order)를 추구한다.[26] 사탄의 지배를 받는 사람들은 가인의 후손처럼 수직적 질서 내에서 상위 계급을 차지하고 싶어 한다. 세상은 높은 자리에서 군림하는 삶을 소위 성공한 인생으로 여긴다. 모든 것이 완벽한 듯한 가인의 문화에 한 가지 없는 것이 있었는데, 바로 '여호와의 이름을 부르는 것'이었다(26절 참고).

사탄은 가인을 미혹하여 아벨을 죽임으로써 하나님의 씨를 없앴다고 생각했겠지만, 하나님은 셋을 준비하셨다(25절). 셋은 에노스를 낳았고, 그때에 사람들이 비로소 여호와의 이름을 불렀다(26절). 성경은 셋의 후손이 이룬 문명에 대해 아무 언급도 하지 않는다. 어쩌면 너무나 초라한 문명이었을지도 모른다. 하지만 이들에게는 결정적인 것이 있었다. 여호와의 이름을 부르는 '믿음'이었다.[27]

셋의 후손을 공격한 가인의 후손

시간이 흘러 셋과 가인은 각각 많은 후손을 이루었다. 둘 사이에 필연적인 영적 전쟁이 발생하는데, 안타깝게도 가인에 의해 아벨이 살해되었듯이 가인의 후손으로 인해 셋의 후손이 처참하게 타락한다.[28]

---

26 룩 존슨, ≪소유와 분배≫*(Sharing possessions)*, 최태영 역(대장간, 1990), 152.

27 송병현, ≪엑스포지멘터리: 창세기≫, 158-159.

28 James R. Graham, *The Divine Unfolding of God's Plan of Redemption*, 71.

"사람이 땅 위에 번성하기 시작할 때에 그들에게서 딸들이 나니 하나님의 아들들이 사람의 딸들의 아름다움을 보고 자기들이 좋아하는 모든 여자를 아내로 삼는지라" 창 6:1-2

셋의 후손과 가인의 후손이 번성하면서 둘 사이에 교류가 생겼다. 자연스럽게 강하고 화려한 가인 후손의 문화와 가치관이 셋의 후손에게 스며들었다. 성경은 두 후손 간의 완전한 혼합을 '결혼'이라는 문화를 통해 보여준다.[29] 셋의 후손은 삶, 문화, 종교, 가정, 가치관 등 모든 영역에서 완전히 타락하고 말았다.[30]

"여호와께서 사람의 죄악이 세상에 가득함과 그의 마음으로 생각하는 모든 계획이 항상 악할 뿐임을 보시고 땅 위에 사람 지으셨음을 한탄하사 마음에 근심하시고 이르시되 내가 창조한 사람을 내가 지면에서 쓸어버리되 사람으로부터 가축과 기는 것과 공중의 새까지 그리하리니 이는 내가 그것들을 지었음을 한탄함이니라 하시니라" 창 6:5-7

가인의 후손은 물론이고 셋의 후손마저도 그 마음에 생각하는 모든 것이 하나님을 대적하는 악한 것들뿐이었다. 결국 하나님은

29 송병현, ≪엑스포지멘터리: 창세기≫, 169.

30 Edward F. Murphy, *The handbook for spiritual warfare*(Nashville: T. Nelson, 1992), 228.

사람 지으셨음을 한탄하며 심판하기로 결정하신다(창 6:6, 13). 사탄은 또다시 여자의 후손이 태어나지 못하게 하는 전투에서 승리했다. 사탄이 하나님의 백성을 공격한 방법은 힘의 질서를 따르는 문화와 가치관이었다.

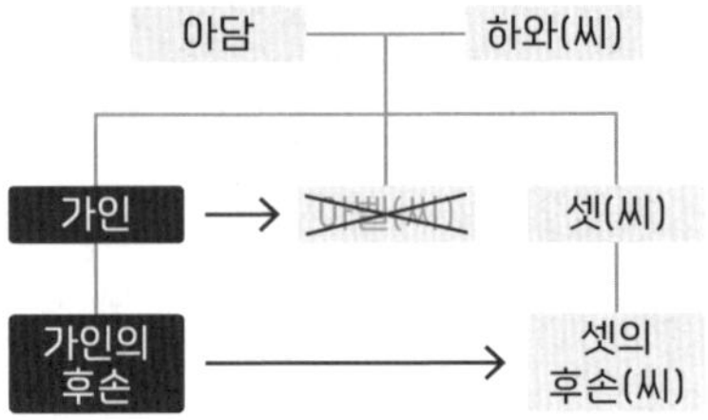

은혜를 입은 자, 노아

사탄의 공격으로 여자의 후손 계보는 끝장난 듯했다. 하지만 하나님은 은혜를 입은 한 사람, 노아를 준비시키셨다(창 6:8-9). 성경은 노아에 대해 '의인이요 당대에 완전한 자요 하나님과 동행하였다'라며 칭찬을 아끼지 않는다. 생각하는 모든 것이 악하기만 했던 시대에서 노아가 지킨 믿음은 무엇이었을까?

> "홍수 전에 노아가 방주에 들어가던 날까지 사람들이 먹고 마시고 장가 들고 시집 가고 있으면서" 마 24:38

예수님은 노아 때의 시대상을 이렇게 정리하셨다. 삶의 모든 방향이 '먹고 마시고 장가들고 시집가는 것'에 집중되어 있었다는 것이다. 왜 이것이 문제가 되는가? 하나님이 인간을 창조하신 목적은 잘먹고 잘사는 것에 있지 않기 때문이다.

하나님은 인간을 통해 하나님 나라를 세우기 원하신다(창 1:28). 하지만 사탄은 사람들을 미혹하여 잘먹고 잘사는 것에 집중하게 만든다. 이런 시대적 상황 속에서 사탄의 미혹에 빠지지 않고 하나님 나라와 영광을 위해 살아가는 한 사람이 있었는데, 그가 바로 노아였던 것이다. 노아가 120년 동안 방주를 만든 것처럼, 120년으로 제한된 인생을 사는 우리 역시 하나님 나라와 영광을 위해 살아야 한다.

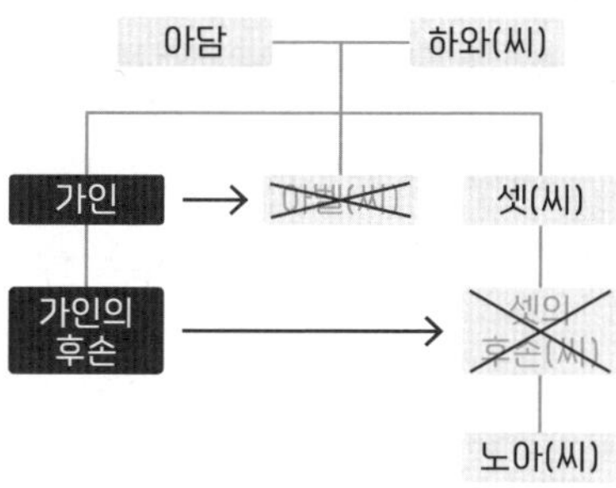

노아에서 요셉까지

여자의 후손을 막기 위한 사탄의 공격은 교묘하고 집요했다. 셋의 후손은 가인의 후손에 의해 무참히 짓밟혔다. 이렇게 하나님의 구속 역사는 무너지는 듯했지만, 하나님은 노아를 통해 하나님의 씨를 품은 여자의 후손을 세워가셨다.

노아를 공격한 함

사탄의 공격은 노아의 후손에게로 향하는데, 노아의 아들들 중에서 함이 미혹을 당한다.

> "노아가 농사를 시작하여 포도나무를 심었더니 포도주를 마시고 취하여 그 장막 안에서 벌거벗은지라 가나안의 아버지 함이 그의 아버지의 하체를 보고 밖으로 나가서 그의 두 형제에게 알리매" 창 9:20-22

홍수 이후 노아는 포도주에 의존하며 생활한 것으로 보인다. 어느 날 함이 술에 취해 하체를 드러낸 아버지를 수치스럽게 여겨 이를 형제들에게 알린다. 이 일로 노아는 함의 아들 가나안을 저주한다(창 9:25).

본문에는 구체적으로 드러나지 않지만 가나안도 이 일에 깊이 관여되었음을 짐작할 수 있다. 한발 더 나아가 노아는 이전부터 함과 가나안에 대한 부정적 시각을 가지고 있었고, 이 사건이 저주의 결정적 계기가 된 것으로 추측할 수 있다. 반면 아버지의 수치를 덮어준 셈과 야벳은 축복을 받는다(26-27절).

본문은 노아의 행위에 대해서는 평가하지 않고 오직 함에게 집중한다. 자연스럽게 함의 행동이 저주를 받을 만큼 엄청나게 큰 죄인가 하는 의문이 들 것이다. 답은 노아의 '하체'에 있다.

성경에서 하체는 생식기를 의미한다. 하체에 포함된 환도뼈, 허리 등은 하나님의 씨를 담은 보관 장소로 상징된다(24:2; 32:25; 47:29; 출 1:5; 사 48:1; 히 7:10). 따라서 함이 노아의 하체를 수치스럽게 한 행위는 하나님의 씨에 대한 비난을 의미한다.

함의 행동은 힘의 질서를 따르고 하나님을 대적하는 것이었다. 가인의 후손이 그랬던 것처럼 말이다. 결국 함의 후손은 하나님을 떠나 제국을 만드는데 그 중심에 "세상에 첫 용사" 니므롯이 있다(창 10:8).

노아의 후손을 공격한 바벨 제국

니므롯은 시날 땅의 바벨에서 시작하여 앗수르의 니느웨와 레센까지 이르는 인류 최초의 대형 제국 바벨을 건설한다(창 10:10-12).

> "또 말하되 자, 성읍과 탑을 건설하여 그 탑 꼭대기를 하늘에 닿게 하여 우리 이름을 내고 온 지면에 흩어짐을 면하자 하였더니" 창 11:4

바벨 제국 사람들은 정복한 땅에 성읍과 탑을 건설했다. 탑을 높이 세워 '하늘'에 닿고자 했는데, 이는 하나님에 대한 대적을 의미한다. 여기서 하늘은 창공(sky)이 아니라 하나님의 처소(the heavens)에 대한 비유적 표현이다.[31] 이런 까닭에 성경에서 바벨은 하나님 없이 인간의 힘으로 살아가고자 하는 교만의 상징으로 사용된다(사 13:19; 계 14:8).

사람들은 '이름을 내고 흩어짐을 면하자'는 바벨의 깃발 아래 모여들기 시작했다. 이름을 내는 것은 사회적 성공을 의미하고, 흩어짐을 면하는 것은 안전한 삶을 의미한다. 그들은 높은 성벽과 강한 군사력, 풍요로운 경제력, 뛰어난 학문과 지식, 발달한 과학과 기술이 자신들을 지켜줄 것이라고 믿었다. 이 빗나간 가치관이 세상을 움켜쥐려는 사탄의 전략이다.[32]

바벨의 영향력은 함의 자손을 넘어 노아의 후손 전체를 장악했다. 인류 전체가 하나님을 대적하는 악을 행하자, 이제 하나님이 직접 개입하신다(창 11:5). 하나님은 노아 시대의 심판 같은 멸망은 없을 것이라고 약속하셨기 때문에(8:21), 언어를 나눔으로써 더 심각한 악행을 막으셨다(11:6-8).[33]

노아로부터 시작된 새로운 인류 역시 사탄의 미혹에 빠져 하나님을 대적하고 말았다. 그러나 여자의 후손을 보존하시는 하나님의 열심은 멈추지 않았다. 하나님은 그분을 대적하는 바벨에서

---

31 고든 웬함, ≪WBC 성경주석: 창세기 16-50≫*(Word Biblical Commentary: Genesis 16-50)*, 윤상문 역(솔로몬, 2001), 437.

32 "가인 족속의 일가들처럼 언어의 일치를 통해 과학의 발전을 이루었던 이 반항자들은 불순종을 더욱 진전시킨다." 워렌 오스틴 게이지, ≪창세기의 복음≫, 175-176.

33 James R. Graham, *The Divine Unfolding of God's Plan of Redemption*, 73.

한 사람을 불러내 가나안으로 인도하신다(행 7:4). 그가 아브라함이다. 믿음의 조상 아브라함을 통해 하나님의 씨를 보존하신 것이다(창 12:1-3).

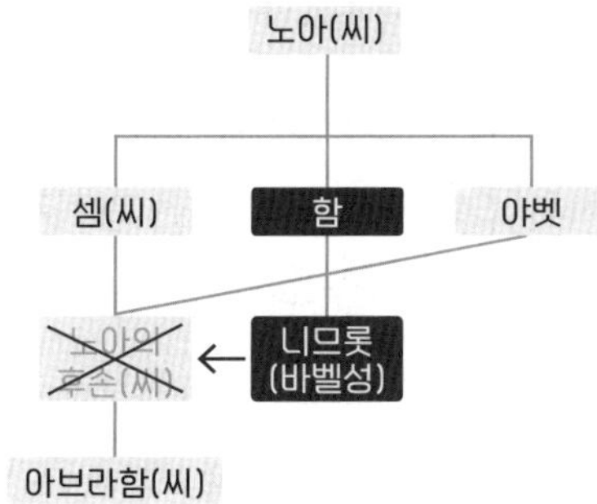

바벨성에서 불러낸 아브라함

니므롯에 의해 시작된 바벨 제국은 바벨성(city of Babel)을 쌓았는데, 이것은 하나님을 대적하고 이 땅에서 성공과 안전을 추구하는 상징물이었다. 인류는 바벨성의 가치관에 점령되었고 더 이상 하나님 나라에는 관심을 두지 않았다. 이때 하나님은 하나님의 씨를 품은 한 사람을 바벨성에서 불러내신다.[34] 그가 바로 복의 근원 아브라함이다(히 11:8-10).

"여호와께서 아브람에게 이르시되 너는 너의 고향과 친척과 아버지의 집을 떠나 내가 네게 보여 줄 땅으로 가라 내가 너로 큰 민족을 이루고 네게 복을 주어 네 이름을 창대하게 하리니 너는 복이 될지라" 창 12:1-2

가나안으로 온 아브라함은 유목민의 삶을 살아간다. 유목민의

34 Edward F. Murphy, *The handbook for spiritual warfare*, 232-233.

가장 큰 특징은 성을 쌓지 않는 것이다. 성 안에서 산다는 것은 성공과 안전을 보장받는다는 의미였다. 바벨성은 스스로 신이 되어 하나님 없이 살 수 있다는 가치관이 지배하는 세계이다. 하나님은 이곳에서 아브라함을 불러내 새로운 사명을 주시는데, 하나님의 도성(city of God)을 만들라는 것이었다.

하나님의 도성은 눈에 보이는 성이 아니라 하나님께 의탁하며 믿음으로 세워가는 하나님 나라이다. 유목민으로 살아가는 아브라함은 도적과 맹수의 위협, 자연재해, 불안한 미래 같은 위험에 늘 노출되어 있었다. 이렇게 불안정한 환경 속에서 안전을 보장해주는 성을 쌓지 말고 오직 하나님을 의지하며 살라고 명령하신 것이다. 아브라함만이 아니라 수많은 믿음의 선배가 같은 명령 앞에 있었다. 이 영광스런 과정을 통과한 하나님의 사람들은 마침내 '여호와는 나의 반석이시요 나의 산성이시로다'라고 고백하게 된다(시 18:2).[35]

사라를 공격한 하갈

하나님은 아브라함과 사라를 통해 여자의 후손이 태어나도록 계획하셨다. 두 사람은 인류가 바벨성을 쌓으며 하나님을 대적하던 시대에 새로운 아담과 하와의 역할을 감당하게 되었다. 앞에서 보았던 것처럼, 하나님의 계획이 시작되면 필연적으로 사탄의 공격

---

35 김창현, ≪아무것도 하지 않는 영성≫(예수전도단, 2013), 161.

도 함께 시작된다.

아브라함과 사라가 이주한 가나안에 심각한 기근이 들었다. 기근을 피하기 위해, 아브라함은 가나안에 거주하라는 하나님의 명령을 어기고 애굽으로 가는데 거기서 아내 사라를 빼앗기는 큰 화를 당한다(창 12:10-13).

힘의 질서를 따르는 애굽 왕 바로는 마음에 드는 여인은 누구든 아내로 삼을 수 있었다. 남편이 있을 경우 그를 죽이고 여자를 빼앗았다. 바로는 기근을 피해 이주한 이방인 무리에서 눈에 띄는 미모의 여인 사라를 발견하고 아내로 삼고자 했다(14-15절).

사탄은 아브라함과 사라 가운데 심긴 하나님의 씨를 없애기 위해 통치자 바로를 이용했다. 사탄의 공격이 시작되자 하나님의 보호가 바로 이어진다(17-20절).[36]

유사한 장면이 창세기 20장에 한 번 더 등장한다. 성경은 이유를 언급하지 않은 채 아브라함이 그랄 땅으로 이주하여 벌어지는 이야기를 전한다. 이곳에서도 아브라함은 그랄의 통치자 아비멜렉에게 아내 사라를 빼앗긴다(20:1-3).

애굽의 바로와 마찬가지로 힘의 질서를 따르는 아비멜렉은 원하는 여인을 마음대로 아내로 삼았다. 사탄은 여기서도 통치자를 이용해 여자의 후손을 없앨 계획을 세우지만, 하나님 역시 이때에

36 송병현, ≪엑스포지멘터리: 창세기≫, 261.

도 사라의 태를 보존하신다(6-7절).[37]

약속을 받고 가나안에 이주한 지 10년이 지났지만 아브라함에게는 자녀가 생기지 않았다. 그러자 사라는 아브라함에게 애굽에서 얻은 여종 하갈과 동침할 것을 제안한다(16:1-2). 조급함 때문인지 아브라함은 거절하지 않았다. 결국 하갈은 임신했고 그로 인해 사라를 멸시했다(4절). '멸시하다'(카랄, *qālal*)는 '저주하다, 천히 여기다'라는 뜻이다. 육을 따라 임신한 하갈이 하나님의 씨를 품은 사라를 깔보며 스스로 여주인이 되고자 했다.[38] 사탄이 하갈의 교만을 이용하여 사라를 공격한 것이다.

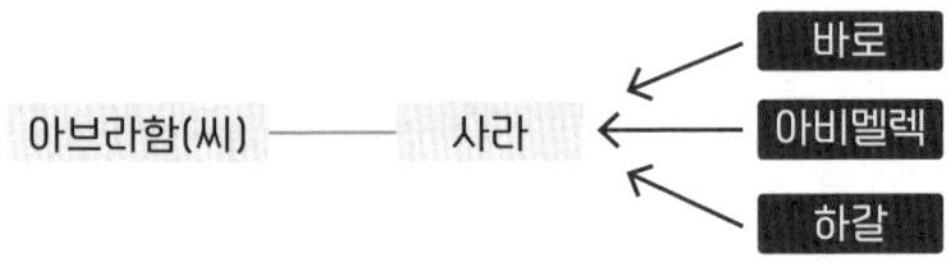

이삭을 공격한 이스마엘

드디어 아브라함과 사라 사이에 약속받은 아들 이삭이 태어났다(창 21:3). 하나님은 사라의 경수가 끊어져 임신할 수 없는 상태가 될 때까지 25년의 세월을 기다리셨고, 아브라함에게는 할례를 행하게 함으로써 육체적 생명이 죽었음을 선언하셨다(롬 4:19; 히 11:11-12).

---

37 같은 책, 363.

38 H.C. 류폴드, ≪반즈 성경주석: 창세기 상≫*(Exposition of Genesis)*, 최종태 역(크리스챤서적, 1993), 429.

하나님의 씨는 육신이 아닌 믿음으로 태어난다는 것을 아브라함과 사라 그리고 모든 믿는 자에게 알리시기 위함이었다(히 11:17).

하나님의 씨를 품은 이삭이 태어나면서 사탄의 공격도 다시 시작되었다. 이번에는 이복형 이스마엘을 이용한다. 아브라함은 이삭이 젖을 떼자 큰 잔치를 베풀었다(창 21:8). 여기서 이스마엘이 이삭을 놀리는 상황이 묘사된다(9절). 성경은 이스마엘이라는 이름 대신 "애굽 여인 하갈의 아들"로 언급하는데, 이스마엘이 어디에 속한 자인지 보여주는 표현이다. 이스마엘은 힘의 질서를 따르는 애굽에 속한 사람, 즉 사탄의 가치관을 따르는 사탄의 후손이었다.

'놀리다'의 히브리어 '차하크'(*ṣāḥaq*)는 '비웃다, 조롱하다, 놀리다'로 번역된다. 개역한글은 '희롱하다'로 번역하는데 이것이 더 정확한 표현인 것 같다.[39] 성경은 이 놀림이 구체적으로 어떠한 것인지 설명하지 않지만, 사라가 크게 화를 낸 것과 이스마엘과 하갈이 이 일로 집에서 쫓겨난 것(10-13절)으로 보아 매우 큰 사건이었음을 짐작할 수 있다.

이스마엘은 이삭 안에 심긴 하나님의 씨를 조롱하고 공격했다. 갈라디아서는 이스마엘의 행위를 "박해"라고 묘사한다(갈 4:29).[40] 특히 하갈의 멸시를 경험한 사라는 이스마엘의 희롱을 그

---

39 천사무엘, ≪창세기≫, 294.

40 H.C. 류폴드, ≪반즈 성경주석: 창세기 하≫*(Exposition of Genesis)*, 최종태 역(크리스챤서적, 1993), 522-523 참고.

어머니가 했던 것과 같은 행위로 판단하여 격하게 분노한다.[41] 우리는 이 일의 배후를 안다. 사탄이 이스마엘의 마음을 미혹하여 이삭을 공격하게 한 것이다.

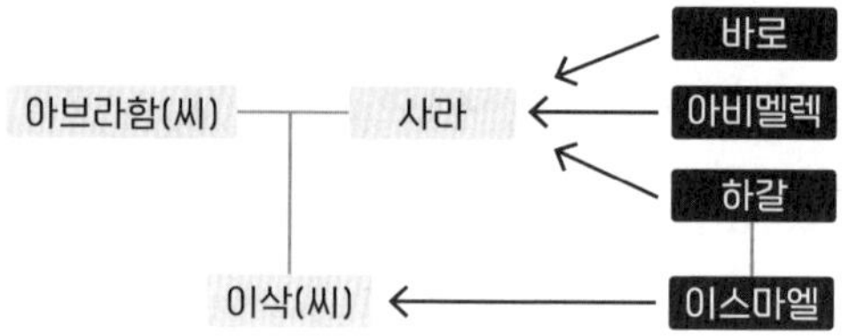

야곱을 공격한 에서

이삭은 리브가와 결혼하여 60세에 쌍둥이 아들 에서와 야곱을 낳았다(창 25:26). 하나님은 출산하기 전 리브가에게 둘째 아들 야곱이 장자가 될 것을 계시하셨다(23절). 이 장자권 문제는 이삭의 가정 전체를 뒤흔드는 갈등의 원인이 된다.

이삭은 육체를 따라 에서를 장자로 생각한 반면, 리브가는 하나님의 약속을 따라 야곱을 장자로 여겼다(27-28절). 에서는 육체의 능력을 믿고 장자의 명분을 가볍게 취급한 반면, 야곱은 그 가치를 알았다(29-34절).

육체를 따르는 에서는 헷 족속의 두 여인과 결혼할 정도로 하나님의 질서를 무시하는 자였다(26:34-35). 이삭은 에서의 행동에

41 고든 웬함, ≪WBC 성경주석: 창세기 16-50≫, 191-192.

크게 근심했지만, 육체의 조건을 따라 에서에게 장자의 축복을 주려고 했다(27:1-4). 이삭의 어리석은 결정에 다급해진 리브가와 야곱은 이삭과 에서를 속여 장자의 축복을 가로챘다(5-29절). 에서는 뒤늦게 장자권을 빼앗겼다는 사실을 깨닫고 야곱을 죽이려고 마음먹는다(41절).

사탄은 에서의 마음에 분노를 일으켜 야곱을 공격하게 한다. 이는 가인이 아벨을 죽인 상황과 동일하다.[42] 하나님은 여자의 후손인 야곱을 보존하기 위해 그를 하란에 있는 라반의 집으로 보내셨다(28:1-5). 하란은 야곱에게 광야와 같았지만 오히려 그를 보존한 장소가 되었다. 하나님의 계획을 깨달은 이삭은 하란으로 도망하는 야곱을 위해 '씨에 대한 언약'으로 다시 축복한다.

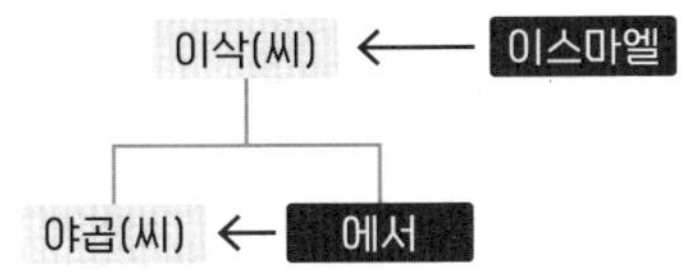

"전능하신 하나님이 네게 복을 주시어 네가 생육하고 번성하게 하여 네가 여러 족속을 이루게 하시고 아브라함에게 허락하신 복을 네게 주시되 너와 너와 함께 **네 자손**에게도 주사 하나님이 아브라함에게 주신 땅 곧 네가 거류하는 땅을 네가 차지하게 하시기를 원하노라" 창 28:3-4 *저자 강조

---

42 같은 책, 392.

요셉을 공격한 형들

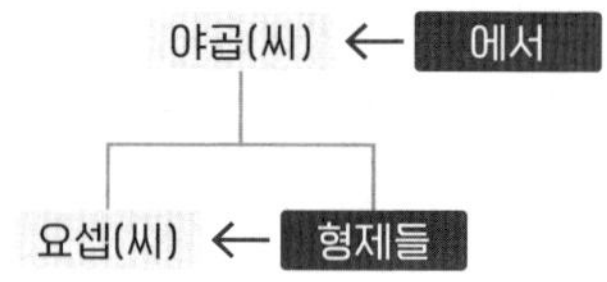

야곱에게는 12명의 아들이 있었다. 레아에게서 6명, 실바에게서 2명, 빌하에게서 2명, 그리고 사랑하는 라헬에게서 요셉과 베냐민을 얻었다. 야곱은 그중에서 요셉을 장자로 여기고 특별히 사랑했는데, 이 때문에 형들이 요셉을 미워했다(창 37:3-4). 어느 날 요셉은 자신이 장자임을 보여주는 2개의 꿈을 이야기했고, 이는 요셉에 대한 형들의 미움을 자극했다(5-11절).

요셉을 향한 형들의 시기와 분노는 살인을 계획하는 데까지 이르렀다(18절). 다행히 르우벤과 유다의 만류로 미디안 상인들에게 요셉을 파는 것으로 마무리된다(27절). 요셉의 형들은 아버지 야곱에게 동생이 악한 짐승에 의해 죽었다고 거짓말한다(29-35절). 사탄은 시기심과 분노로 요셉의 형들을 미혹하여, 하나님의 씨를 품은 요셉을 제거하려 했다(행 7:9).[43] 하지만 하나님은 애굽이라는 광야를 통해 여자의 후손 요셉을 보존하신다.

요셉은 족장이 아니기 때문에 그에게 주어진 씨에 대한 약속은 성경에 없다. 대신 요셉을 통해 야곱의 아들 전체가 구원받을 것이라고 말한다(창 45:5-8). 요셉이 이스라엘 민족을 대표하는 것이다(대상 5:2). 하나님은 요셉을 통해 민족 이스라엘을 번성시키신다.

---

43 James R. Graham, *The Divine Unfolding of God's Plan of Redemption*, 84.

이전까지는 여자의 후손이 개인에 의해 이어졌으나 이제는 이스라엘 민족을 통해 흘러가게 된다.

"하나님이 큰 구원으로 당신들의 생명을 **보존**하고 **당신들의 후손**을 세상에 두시려고 나를 당신들보다 먼저 보내셨나니" 창 45:7 *저자 강조

요셉은 자신을 죽이려 했던 형제들을 용서하고 이스라엘 민족을 이루는 구원자 역할을 감당하는데 이는 예수 그리스도의 예표이다.[44] 예수님은 자신을 십자가에 못 박은 백성을 용서하고 교회(영적 이스라엘)를 이루신다.

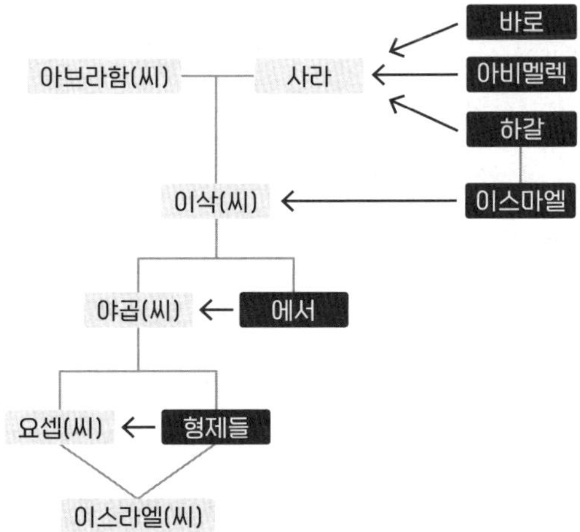

44 같은 책, 85.

하나님의 신부 이스라엘

이스라엘을 공격한 애굽

형들의 시기심과 분노로 애굽에 팔린 요셉은 오히려 온 가족을 구원하는 자로 성장한다. 이후 애굽으로 내려온 야곱의 자손 역시 하나님의 보존 속에서, 하나님의 씨를 품은 이스라엘 민족으로 성장한다. 사탄은 이 역사를 가만히 두고 보지 않는다. 하나님의 씨가 보존되고 번성하는 것을 막기 위해 사탄은 애굽 통치자 바로를 이용하여 다시 공격을 시작한다.

출애굽기는 요셉을 알지 못하는 새 왕이 일어나 이스라엘을 학대하는 장면으로 시작한다(출 1:8). 학대의 이유는 이스라엘 자손이 번성하기 때문이었다. 애굽은 이를 막기 위해 여러 방법으로 박해했다(9-10절). 강제 노역을 시키고(11-14절), 산파를 통해 남자 아이를 죽이도록 했으며(16절), 이 계획이 실패하자 태어나는 모든 남자 아이를 나일강에 던지라고 명했다(22절).

사탄은 통치자 바로를 통해 여자의 후손이 이 땅에 오는 것을 필사적으로 막으려 했다. 가혹한 학대가 이어지자 이스라엘은 고통 속에서 하나님께 부르짖었고, 하나님은 모세를 통해 그들을 애굽에서 구원하셨다(3:9-10). 이스라엘의 출애굽 과정에서 하나님은 열 가지 재앙으로 사탄과 능력 대결을 벌이셨는데, 그 결과는 하나님의 승리였다.[45]

---

45 Edward F. Murphy, *The handbook for spiritual warfare*, 233-234.

열 가지 재앙 중 아홉 가지는 애굽 신들의 무능력을 입증하는 교훈적 역할을 했다면, 마지막 열 번째인 '장자의 죽음'과 '어린 양의 피'는 사탄의 머리를 상하게 하는 예수 그리스도의 십자가 사건을 예표한다.[46]

하나님은 능력 대결로 출애굽 사건을 끝내지 않으신다. 출애굽의 완성을 위해 이스라엘 백성을 전쟁에 동참시키신다. 위대한 승리의 기쁨을 백성과 함께 나누길 원하시기 때문이다(15:1-21).

분노한 바로는 이스라엘 백성이 애굽 광야에서 길을 잃은 줄로 생각하여 모든 군사를 이끌고 홍해 앞까지 추격한다(14:3-4). 이스라엘 백성은 앞은 홍해로 가로막혀 있고 뒤에서는 애굽 군병이 쫓아오는 절체절명의 위기에 놓인다. 하지만 하나님은 길을 만드시는 분이다. 모세를 통해 홍해를 가르고 이스라엘 백성이 지나가게 하신다(16-20절). 이스라엘 백성은 믿음으로 이 길을 통과하고, 애굽 군병은 홍해에 수장되어 전멸한다(21-28절).

홍해 사건은 영적 전쟁의 중요한 핵심 두 가지를 보여준다. 첫째는 하나님이 전쟁의 주관자라는 사실이고(14절), 둘째는 영적 전쟁은 믿음으로 하는 싸움이라는 것이다(히 11:29). 영적 전쟁은 하나님이 선포하신 승리에 믿음으로 동참하여 그 기쁨을 함께 누리는 것이다.[47]

---

46 James R. Graham, *The Divine Unfolding of God's Plan of Redemption*, 87.

47 "영적인 전쟁에서의 승리는 공식이 아니라 예수님께서 이미 우리에게 주신 승리를 믿음으

이스라엘을 공격한 가나안

광야 생활 40년 동안 이스라엘 백성을 향한 사탄의 공격은 끊이지 않았다. 이 과정은 3, 4장에서 자세히 살펴보자.

이스라엘 백성을 향한 사탄의 공격은 가나안 입성 후에도 계속되었다. 하나님은 이스라엘 백성이 가나안에 들어갈 때에 가나안 일곱 족속을 진멸하고 내쫓으라고 명령하셨다. 가나안에서의 영적 전쟁을 명하신 것이다.[48] 하나님의 명령에는 분명한 목적이 있었다.

첫째, 이방 신을 섬기지 못하게 하기 위함이다(출 23:33; 신 20:17). 하나님은 이스라엘 백성이 가나안에 있는 종교적 영향을 철저하게 버리고 오직 하나님의 거룩한 백성이 되길 원하셨다(신 26:15-19). 당시 가나안에는 몰렉(Moloch) 신에게 자녀로 인신 제사를 드리는 것(레 18:21)과 신전의 남녀 창기들과 성적인 제사를 드리는 것(신 23:17) 같은 악한 문화가 있었다.

둘째, 이방 문화와 가치관으로부터 이스라엘 백성을 보호하기 위함이다(레 18:1-5). 가나안은 물질주의, 성적 타락, 쾌락주의, 계급주의 등의 세상적 가치관으로 가득찬 곳이었다. 이스라엘 백성에게 영적 전쟁은 가나안의 풍습과 규례들을 물리치고 하나님의 말

로 내것으로 만드는 법을 배우는 것이다." 제리 랜킨, ≪영적 전쟁 이렇게 승리하라≫*(Spiritual warfare:the battle for God's glory)*, 서진영 역(요단, 2012), 46.

48 Edward F. Murphy, *The handbook for spiritual warfare*, 241-244.

씀과 질서대로 살아가는 과정이었다. 영적 전쟁은 거룩의 싸움이고 순종의 싸움이다.

사탄은 여자의 후손을 품은 이스라엘을 가나안 일곱 족속과 이방 민족을 통해 끊임없이 미혹했다. 이것이 이스라엘 민족의 역사 내내 계속된다. 결국 이스라엘은 우상을 섬기고 이방 풍속을 따르며 하나님을 대적하는 자들, 곧 사탄의 지배를 받는 자들이 되고 만다(사 2:6).

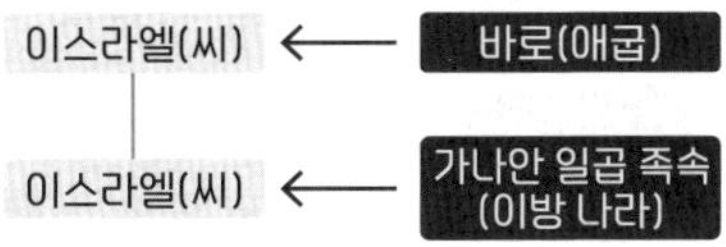

하나님의 씨, 다윗의 자손

이스라엘 민족은 300여 년의 사사 시대를 거치는 동안 가나안의 모든 가증한 것을 따랐다. 영적 지도자들은 타락했고, 하나님의 말씀은 희귀해져서 각자 자기의 소견에 옳은 대로 행하며, 극심한 암흑기를 걷게 되었다(삿 21:25; 삼상 3:1).

그러자 이스라엘 백성은 이방 나라들처럼 강하고 부유한 나라를 만들어줄 왕을 원하기 시작했다(삼상 8:5-6, 19-20). 이스라엘의 요구가 잘못된 것임을 알면서도, 하나님은 이를 허락하셨다(7-8절). 하지만 왕을 세우신 목적은 백성의 기대와 달랐다. 신앙의 모범이 되는 자를 세워 하나님의 통치를 받는 새로운 이스라엘을 만드시기 위함이었다(11:14-15). 하나님은 육체의 조건을 따르는 이방 왕들과는 달리, 하나님을 의지할 수밖에 없는 가장 미약한 베냐민

지파 중에서도 가장 작은 자 사울을 택하셨다(9:21).

하나님이 사울을 택하신 순간부터 사탄의 공격도 시작된다. 하나님은 사울에게 여호와의 영을 부으며 그가 영적 전쟁에서 승리하고 하나님의 인도를 따르길 기대하셨다. 하지만 결과는 달랐다. 사울은 사탄의 미혹에 빠져 하나님을 대적하는 자가 되고 말았다. 사탄이 사울을 미혹한 방법은 사람에게 인정받고자 하는 마음과 하나님보다 사람을 두려워하는 마음이었다.

하나님은 실패한 사울을 대신하여 새로운 왕 다윗을 택하셨다(16:13). 더불어 다윗을 향한 사탄의 공격도 시작되었다. 이번에는 사울의 분노, 시기심, 경쟁심, 권력욕 등을 이용하여 여자의 후손을 품은 다윗을 공격했다.

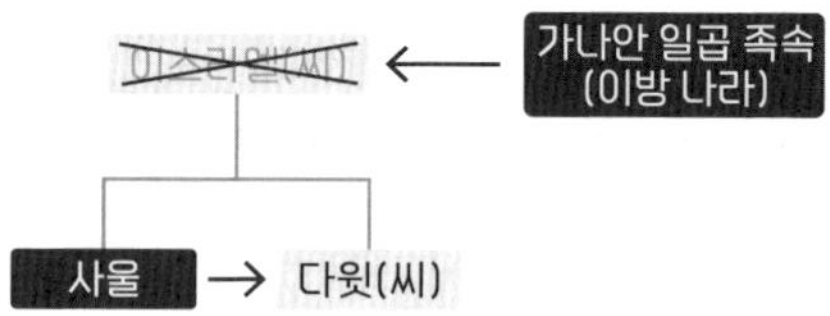

다윗은 사울과 달리 영적 전쟁에서 훌륭한 모범을 보였다. 그는 결코 사람과 싸우려 하지 않았다(엡 6:12). 자신을 공격하는 사울을 죽일 수 있는 두 번의 기회가 있었지만 원수 갚는 것을 하나님께 맡겼다(삼상 24:6-7; 26:9-10). 사탄은 계속해서 다윗을 무너뜨리려 했지만, 다윗은 믿음으로 자신이 당한 상황을 잘 분별하면서 영적 전쟁에서 승리하여 이스라엘의 왕이 되었다.

왕이 된 다윗은 예루살렘으로 수도를 정하고 법궤를 옮긴 후

성전을 건축하고자 했다(삼하 7:1-2). 하나님은 그 마음에 감격하며 다윗과 '씨에 대한 언약'을 맺으셨다(7:10-16). 이 씨가 다윗의 자손 예수 그리스도로 이어진다.[49]

> "네 수한이 차서 네 조상들과 함께 누울 때에 내가 네 몸에서 날 **네 씨**를 네 뒤에 세워 그의 나라를 견고하게 하리라 그는 내 이름을 위하여 집을 건축할 것이요 나는 그의 나라 왕위를 영원히 견고하게 하리라" 삼하 7:12-13
>
> *저자 강조

다윗을 공격한 대적자들

다윗은 통일 이스라엘의 왕으로 직위하며 승리의 왕으로(삼하 8장), 요나단의 아들 므비보셋에게 왕자의 권세를 주며 은혜의 왕으로(9장), 그리고 이스라엘의 조문단을 수치스럽게 한 암몬 자손을 징계하며 심판의 왕으로 등장한다(10장).

모든 것이 완벽한 다윗이었다. 하지만 그럴수록 사탄은 더욱 교묘하고 집요하게 그를 파고들었다. 얼마 후 다윗 일생의 최대 실수인 간음 사건이 일어나고 만다(11:4). 밧세바가 임신하자 다윗은 이를 숨기기 위해 그녀의 남편 우리아를 죽이도록 명령한다(15절). 사탄은 다윗을 무너뜨리기 위해 성욕과 권력을 이용했다.

이 범죄는 하나님께 버림받아 마땅할 만큼 극악했고, 다윗을

49 최종진, ≪구약 성서의 족보적 연구≫, 316-317.

순식간에 몰락시킬 수 있었다. 다윗은 권력을 이용하여 자신의 죄를 지적하는 나단 선지자를 죽이는 또 다른 죄를 범할 수도 있었다. 그러나 즉각적인 회개가 그를 살렸다(12:13-14).

여기서 영적 전쟁의 중요한 원리가 발견된다. 우리는 누구나 사탄의 미혹에 빠져 범죄할 수 있다. 이 죄는 하나님과의 관계를 단절시키기도 하고 또 다른 범죄의 연결 고리가 되기도 한다. 사탄은 이 위기 상황을 아주 교묘하게 이용한다. 하지만 다윗은 더 이상 죄에 빠져들지 않았다. 오히려 즉각적인 회개를 통해 영적 전쟁에서 승리했다.[50]

다윗 안에 심긴 하나님의 씨는 그의 후손을 통해 흘러갈 것이기 때문에, 사탄의 공격은 그들에게까지 이어졌다. 다윗의 왕위를 계승할 왕자는 첫째 아들 암논이었다.

암논은 병이 날 정도로 이복 여동생 다말을 사모했다(13:1-2). 결국 육체의 정욕을 제어하지 못하고 다말을 강간하기에 이른다(14절). 이 과정에서 암논을 꼬여 다말을 범하게 한 장본인이 있는데 그의 사촌 요나답이다(3절). 성경은 그를 "심히 간교한 자"라고 설명한다(창 3:1 참고). 요나답은 에덴동산에서 하와를 미혹한 사탄과 같은 역할을 한 것이다.

---

50 딘 셔만, ≪모든 그리스도인을 위한 영적 전쟁≫*(Spiritual Warfare For Every Christian)*, 이상신 역(예수전도단, 2010), 249.

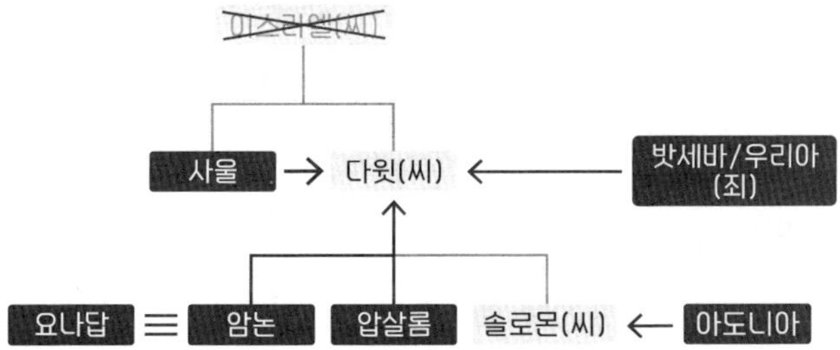

사탄은 육체의 정욕을 자극하여 암논이 몰락하게 만들었다. 하지만 암논은 다윗과 달리 하나님께 무릎 꿇어 회개하지 않았고, 결국 다말의 오라버니 압살롬에 의해 살해당하고 만다(삼하 13:28-29).

다윗의 왕위를 이을 두 번째 사람은 압살롬이었다. 압살롬의 마음은 여동생 다말에 대한 동정심으로 가득했고, 이는 곧 암논과 그를 정당하게 처벌하지 않는 다윗에 대한 분노(정의감)로 발전했다. 사탄은 압살롬의 동정심과 정의감을 이용하여 그가 형 암논을 죽이고 아버지 다윗을 대적하도록 만들었다(37-38절). 이 과정에서도 간교한 자 요나답의 역할이 분명히 있었음을 짐작할 수 있다(32-33절).[51]

압살롬은 아버지를 피해 그술 땅에서 3년간 지내다가 요압 장군의 도움으로 예루살렘에 돌아온다. 아버지를 향한 압살롬의 분노는 사그라들지 않았고, 결국 사람들의 마음을 훔쳐 아버지 다윗을 몰아내고 스스로 왕위에 오른다(15:6-10).

---

51 유진 피터슨, ≪사무엘서 강해≫(*I&II Samuel*), 박성혁 역(아바서원, 2013), 325-326.

온 이스라엘의 지지를 받고 예루살렘에 입성한 압살롬은 아버지를 완전히 제거하기 위해 참전했다가 나무에 머리가 걸려 죽는다(18:9-18). 동정심과 정의감은 그리스도인을 몰락시키는 사탄의 교묘한 방법이다.

다윗의 자손 중 암논과 압살롬이 사라지고 그 계보는 솔로몬에게로 흐른다(왕상 1:11-13). 솔로몬은 왕위에 오르기도 전에 아도니아의 공격을 받는데, 이때 사탄은 아도니아의 교만을 이용한다(5절).

다윗의 자손을 공격한 대적자들

솔로몬은 하나님이 자신을 왕위에 세우신 뜻을 분별하지 못한 채 강하고 부유한 나라를 꿈꾸었다. 사탄은 음행과 우상 숭배로 솔로몬을 미혹하여 하나님에게서 마음이 떠나도록 만들었다(왕상 11:1-8). 그 결과 이스라엘은 심각한 영적 위기를 맞았고, 하나님은 이스라엘을 돌이키기 위해 북과 남으로 나라를 나누신다(9-13절).

하나님은 여로보암을 북이스라엘의 왕으로 삼으면서 말씀으로 통치되는 나라를 세우길 기대하셨다(37-38절). 북이스라엘을 통해 남유다까지 정결케 하시려는 목적이었다(39절). 하지만 사탄은 여로보암을 교만과 우상 숭배로 미혹하여 몰락시켰다(12:25-33; 13:33-34).

하나님은 여러 선지자와 용사들을 통해 북이스라엘을 다시 세우려 하셨지만, 왕들은 선지자를 죽이며 하나님에 대한 반역을 반복했다(호 10:15). 사탄은 북이스라엘의 왕들을 음행과 우상 숭배로 미혹하여 하나님을 떠나게 만들었다(4:14). 북이스라엘을 몰락시킨 사탄은 이제 여자의 후손을 품은 남유다 다윗 왕조를 공격한다.

남유다의 4대 왕 여호사밧은 북이스라엘의 아합 왕과 혼인 관계를 맺었다. 여호사밧의 아들 여호람과 아합의 딸 아달랴가 결혼하여 아하시야를 낳았다. 여호람은 제위 8년만에 하나님의 징계로 죽음을 맞는다(대하 21:13-14).

어린 아하시야 왕은 어머니 아달랴의 꼬임에 빠져 악행만 저지르다가 1년 뒤 북이스라엘 예후에게 죽임을 당한다(22:3, 9). 곧바로 아달랴가 남유다의 왕위에 오른다. 그녀의 첫 사역은 "유다 집의 왕국의 씨"를 진멸하는 것이었다(10절). 다행히 하나님은 요아스 왕을 구하여 다윗의 자손을 보존하신다(11절).

안타깝게도 남유다의 왕들 중에는 하나님의 마음에 합한 사람이 드물었다. 대부분의 왕이 교만하여 하나님의 법을 따르지 않았다. 사탄은 교만한 마음을 주어 하나님을 대적하게 만들었고, 많은 왕이 그 길을 따랐다(26:16; 32:25; 느 9:16; 렘 50:29, 31; 겔 28:5; 호 5:5).

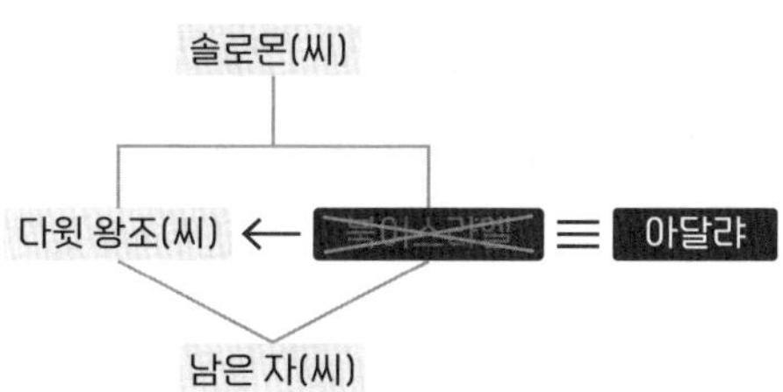

남은 자

사탄의 공격으로 북이스라엘과 남유다 모두 하나님을 대적하는 길을 걷게 되었다. 물질주의, 음행, 우상 숭배 같은 범죄의 이면에는 사탄의 미혹이 있었다. 이렇게 여자의 후손은 끊어져버린 것 같았지만, 하나님은 그분의 계획을 거두지 않으셨다. 하나님은 그 계보를 이어갈 사람들을 이스라엘에서 불러내 이방 나라들로 보내셨다(겔 5:10; 미 5:7-8).

성경은 이들을 남은 자(remnant)라고 부른다. 나라를 잃고 흩어져 살아가는 것은 유대인에게 광야의 삶이었다. 하지만 이는 여자의 후손을 보존하시기 위한 하나님의 방편이었다(습 3:13).[52]

> "그 중에 십분의 일이 아직 남아 있을지라도 이것도 황폐하게 될 것이나 밤나무와 상수리나무가 베임을 당하여도 그 그루터기는 남아 있는 것 같이 **거룩한 씨**가 이 땅의 그루터기니라 하시더라" 사 6:13 *저자 강조

남은 자를 향한 사탄의 공격 역시 계속되었다. 앗수르, 바벨론, 페르시아, 헬라, 로마 제국을 거치며 통치자와 권세들의 핍박과 공격이 끊이지 않았다. 대표적으로 하만이 아하수에로 왕을 꼬여 유다 민족을 진멸하려 했던 사건이 있다(에 3:8-9).[53] 다행히 에스더

---

52 손석태, ≪이스라엘의 선민 사상≫(성광문화사, 2001), 301.

53 James R. Graham, *The Divine Unfolding of God's Plan of Redemption*, 92-93.

의 죽음을 각오한 헌신이 유다 민족을 살렸다(4:16; 8:16-17).

스룹바벨을 중심으로 예루살렘 성전을 건축할 때 대적했던 자들(스 4:1)과, 느헤미야가 예루살렘 성벽을 재건하는 과정에서 끊임없이 공격했던 산발랏과 도비야(느 4:1-6) 역시 사탄의 집요한 공격을 보여준다.

남은 자들은 어떤 상황에서도 여자의 후손에 대한 갈망을 놓지 않았고 이것은 메시아 신앙(messianism)으로 발전했다. 핍박과 위험 속에서도 믿음을 지킨 남은 자들이 바로 하나님의 신부이며 메시아를 잉태하는 '처녀 이스라엘'이다(사 7:14).[54]

처녀가 낳은 아들, 예수 그리스도

창세기 3장 15절의 원시 복음은 사탄의 멸망에 대해 선언하면서, 그럼에도 사탄은 여자와 여자의 후손을 끊임없이 공격할 것이라고 말한다. 역사 속에서 사탄은 다양한 방법으로 여자의 후손인 믿음의 사람을 공격하여 그들이 하나님을 대적하게 만들었다. 이때마다 하나님은 여자의 후손을 보존하기 위해 믿음의 사람들을 새롭게 세우셨다. 이사야 선지자는 이것을 "여호와의 열심"이라고 설명한다(사 37:31-32).

드디어 하나님의 열심이 처녀 이스라엘을 통해 여자의 후손을 이 땅에 보내셨다. 바로 예수 그리스도이다. 그분은 사탄의 권세

---

54 배제민, ≪새로운 형태의 모세오경 연구≫(총신대학교출판부, 1984), 218-221.

를 멸하고 하나님 나라를 회복하여 철장으로 만국을 다스리신다. 에덴동산에서부터 계획되었던 하나님의 놀라운 승리가 예수 그리스도를 통해 성취되는 순간이다. 천사들은 예수님의 탄생을 이렇게 찬송한다.

> "지극히 높은 곳에서는 하나님께 영광이요 땅에서는 하나님이 기뻐하신 사람들 중에 평화로다 하니라" 눅 2:14

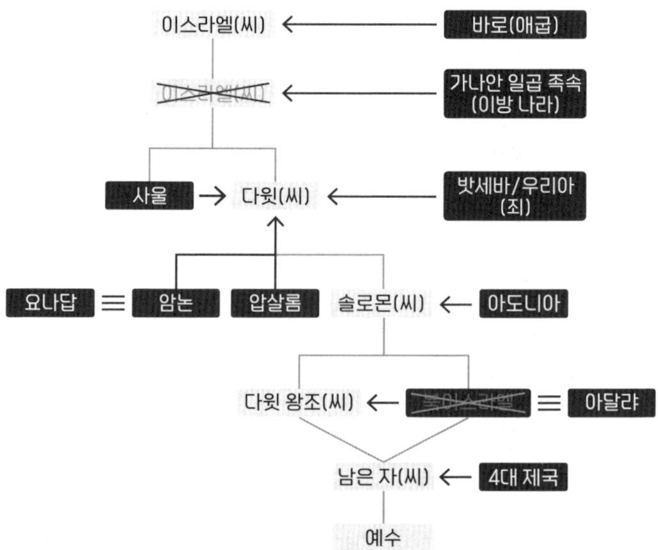

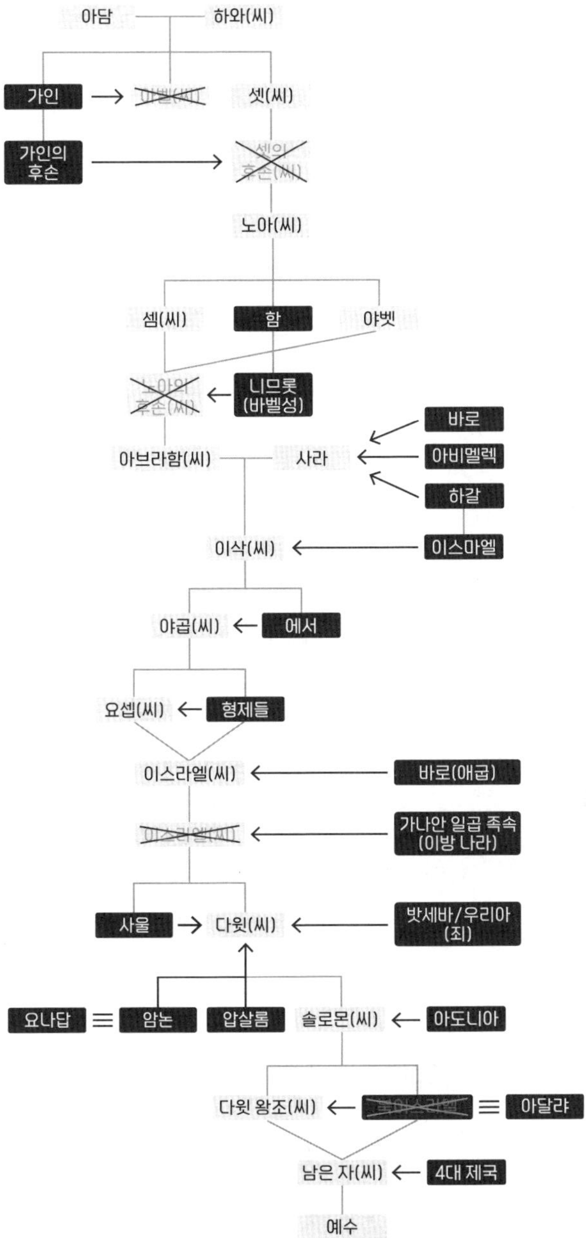

성경에 이어지는 영적 전쟁 흐름도

3장
광야 시대의 영적 전쟁 I
기본적인 영적 전쟁

"이스라엘 중 이십 세 이상으로 싸움에 나갈 만한 모든 자를
너와 아론은 그 진영별로 계수하되
각 지파의 각 조상의 가문의 우두머리 한 사람씩을 너희와 함께 하게 하라"

민 1:3-4

모든 그리스도인에게 영적 전쟁은 피할 수 없는 신앙 여정이다. 하나님은 우리를 이 전쟁에 초대하셨고, 이미 승리를 선포하셨으며, 상 주길 원하신다. 그렇다고 해서 승리를 거저 누릴 수 있는 것은 아니며 반드시 훈련 과정이 필요하다. 애굽에서 나온 이스라엘 백성에게 광야 40년은 영적 전쟁을 위한 훈련 기간이었다. 이는 가나안 정복을 위해 반드시 필요한 과정이었다. 하나님이 이스라엘을 어떻게 훈련시키셨는지 민수기를 통해 살펴보자.

영적 전쟁으로 보는 민수기

민수기(Numbers)는 그 이름에서 알 수 있듯이 백성의 숫자를 조사

하는 내용이다. 두 번의 인구 계수가 진행되는데, 첫 번째는 시내 산을 떠나 광야로 행진할 때이고, 두 번째는 가나안 입성 직전이었다(민 1:3-4; 26:2). 인구 계수의 기준은 '20세 이상의 전쟁에 나갈 만한 자'이다. 계수를 마친 이스라엘은 가나안을 향해 전진한다.

놀랍게도 출애굽 1세대는 여호수아와 갈렙을 제외하고 아무도 가나안에 들어가지 못했다. 이들이 약속의 땅을 기업으로 받지 못한 이유는 혈과 육의 적에게 패배한 까닭이 아닌 믿음의 싸움, 즉 영적 전쟁에서 패배했기 때문이다. 민수기는 교회 시대를 살아가는 그리스도인에게 영적 전쟁에 대한 뛰어난 통찰을 제공한다.[55]

이스라엘 백성은 가나안을 정복하기 위해 부름받은 군사들이다. 이들은 광야 40년의 세월 동안 영적 전쟁이 무엇인지 훈련받았다. 예수 그리스도의 십자가 능력으로 구원받은 우리 역시 세상을 정복하기 위해 부름받은 군사들이다. 그런 의미에서 민수기는 교회 시대의 그리스도인에게 영적 전쟁의 승리를 위한 중요한 지침이 된다.[56]

민수기는 크게 세 단락으로 구분되는데, 영적 전쟁을 위한 준비(1:1-10:10), 영적 전쟁의 현장(10:11-25:18), 승리자의 상급(26:1-36:13)이다. 그중 영적 전쟁의 내용이 구체적으로 담겨 있는 '영적

---

55 Chuck Huckaby, *"Spiritual Warfare in the Book of Numbers"*, Reformation and Revival Vol. 4, No. 1. (Carol Stream, Illinois: Reformation & Revival Ministries, 1995), 55.

56 같은 책, 56.

전쟁의 현장'을 다시 두 부분으로 나눌 수 있다. 첫 번째는 신앙생활 초기에 만나는 기본적인 영적 전쟁(primary spiritual warfare)이고, 두 번째는 신앙이 성숙하면서 만나는 진보된 영적 전쟁(advanced spiritual warfare)이다.

민수기 본문	내용	의미
1:1-10:10	여행을 위한 준비 (시내 광야에서)	영적 전쟁을 위한 준비
10:11-25:18	시내산에서 모압 평지까지	영적 전쟁의 현장
26:1-36:13	가나안 입성을 위한 준비 (땅 분배)	승리자의 상급

불평과 불만

시내산에 도착한 후 1년쯤 지나 이스라엘 백성은 모세의 지도를 따라 하나님의 임재 장소인 성막을 완성한다(출 40:32-38). 그후 전쟁할 수 있는 인구를 계수하고(민 1-4장), 여호와로부터 전쟁을 위한 당부의 말씀을 들은 다음(5-6장), 출정을 위한 최후 준비를 마친다(8장). 출애굽 후 최초의 유월절을 지키고(9:1-14), 드디어 제사장의 나팔 소리와 함께 광야를 향해 전진한다(10:1-28). 전쟁이 시작되었다! 오랜 준비를 거쳐 전쟁에 나간 이스라엘 백성이 가장 먼저 만난 적은 누구였을까? 그들의 첫 번째 상대는 놀랍게도, 불평과 불만이었다(11:1-35).

"여호와께서 들으시기에 백성이 악한 말로 **원망하매** 여호와께서 들으시고 진노하사 여호와의 불을 그들 중에 붙여서 진영 끝을 사르게 하시매"

민 11:1 *저자 강조

본문에는 구체적인 원망의 내용이 언급되지 않지만, 분명 거친 광야 생활이 불평의 이유였을 것이다. 하나님이 그들의 불평에 진노하여 불을 내리셨고, 사람들은 그곳의 이름을 다베라라고 불렀다. '불타는 장소'라는 뜻이다.

"그들 중에 섞여 사는 다른 인종들이 **탐욕**을 품으매 이스라엘 자손도 다시 **울며 이르되** 누가 우리에게 고기를 주어 먹게 하랴" 민 11:4 *저자 강조

이스라엘 중에 섞여 사는 다른 인종들의 탐욕은 이스라엘 백성의 불평을 다시 자극했다. 그들은 울면서 애굽에서 먹던 음식들을 그리워하고, 만나밖에 주지 않으시는 하나님을 원망했다(민 11:5-6). '울다'(바카, *bāḵâ*)는 '불평하다, 원망하다'라는 뜻이다.

하나님은 불평하는 이스라엘 백성에게 메추라기를 주어 한 달 동안 냄새가 싫어질 정도로 먹게 하셨다(19-20절). 이는 하나님을 멸시한 것에 대한 재앙이었다(32-35절).

민수기 11장에서 불평의 몇 가지 특징을 발견할 수 있다.

- 불평은 변두리에서 시작된다: "그들 중에 섞여 사는 다른 인종들이 탐욕을 품으매…" (4절)
- 불평은 비교에서 시작된다: "우리가 애굽에 있을 때에는 값없이…" (5절)
- 불평은 전달될수록 강해진다: "백성의 온 종족들이 각기 자기 장막 문에서 우는 것을 모세가 들으니라…" (10절)

사탄은 사소한 것부터 비교하는 마음을 불어넣어 불평과 불만을 일으킨다. 이것이 다른 사람에게 전달되면 강한 힘을 발휘하여 개인과 공동체 안에서 하나님 나라를 파괴한다. 불평과 불만은 사탄이 그리스도인을 미혹하는 가장 흔한 방법이다.[57]

불평이 그 자체로 나쁜 것은 아니다. 하나님은 가시덤불과 엉겅퀴가 가득한 세상에 우리를 보내며 이 불편하고 부족한 환경을 하나님의 방법으로 극복해가기 원하셨다. 그 과정이 결코 쉽지 않지만, 포기하지 않고 하나하나 쌓은 결과물들이 우리의 영광이고 상급이다.[58]

인류의 많은 문명 기술은 삶의 불편과 부족을 극복하는 과정

---

57 탐 마샬, ≪성경으로 열리는 영적 전쟁≫*(Authority in heaven, authority on earth)*, 유정희 역(예수전도단, 2010), 146.

58 "불만스러운 것에 대해 발언하고 결국 불만을 해결하면, 우리는 스스로 당당하고 적극적이며 수완이 뛰어난 사람이라는 느낌을 받는다. 더불어 자존감이 높아지고, 자신의 쓸모에 대하여 긍정적인 생각을 하게 된다." 가이 윈치, ≪불평하라: 모든 변화를 이끌어내는 불평의 기술≫*(squeaky wheel)*, 윤미나 역(문학동네, 2012), 11.

에서 생겼다. 불평의 요소들은 우리를 성숙시키고 하나님을 더욱 신뢰하게 하는 도구가 된다. 문제는 불평으로 인해 하나님을 원망하고 대적하는 것이다.

이스라엘 백성이 불평하는 소리에 모세는 마음이 상했다(11:10-12). 모세가 백성과 다른 점은, 이 불평거리들을 하나님 앞에 가져갔다는 것이다(11절). 그는 고기를 얻을 수 있는 방법을 간구하면서 자신의 책임이 심히 중하여 혼자 감당할 수 없다고 고백한다(13-14절). 하나님은 모세의 기도를 듣고 메추라기를 보내주셨다(31절). 더불어 장로와 지도자가 될 만한 자 70명을 모아 모세와 함께 백성의 짐을 나누도록 하셨다(16-17절).

불평과 불만을 이기는 최고의 방법은 기도와 감사이다(빌 4:6-7; 살전 5:16-18). 기도는 불편하고 부족한 것에 대해 하나님을 의지하는 믿음의 행위이고, 감사는 하나님이 주신 것에 대한 신뢰와 자족을 기반으로 한다.

공동체 안에서 불평과 불만을 극복하기 위해서는 시스템을 개선해야 한다.[59] 즉 구성원의 불평과 불만이 권위자에게 전달될 수 있는 통로를 만들어야 한다는 뜻이다.[60] 불평을 짓누르는 것은 권

59 "시스템은 리더의 약점보다 강하다." 스티븐 코비, ≪성공하는 사람들의 8번째 습관≫*(From effectiveness to Greatness the 8th habit)*, 김경섭 역(김영사, 2004), 328.

60 "불평을 적게 한다고 해서 우리와 주위 사람들이 반드시 더 행복해지는 것은 아니다. … 사실

위자의 폭력이고, 이는 또 다른 형태의 영적 전쟁이다. 긍정적인 불평은 상황을 개선하는 좋은 기회가 된다. 이 시스템은 공개적이어야 하는데 불만을 가지고 있는 사람들을 막연히 기다리게 해서는 안 되기 때문이다.

시기와 질투, 경쟁

광야길에 오른 이스라엘 백성에게 찾아온 두 번째 영적 전쟁은 시기와 질투, 경쟁이었다(민 12:1-16).

"모세가 구스 여자를 취하였더니 그 구스 여자를 취하였으므로 미리암과 아론이 모세를 **비방하니라** 그들이 이르되 **여호와께서 모세와만 말씀하셨느냐 우리와도 말씀하지 아니하셨느냐** 하매 여호와께서 이 말을 들으셨더라" 민 12:1-2 *저자 강조

광야 생활 중에 모세는 구스 여자와 결혼했다. 이 일로 미리암과 아론은 모세를 비방했는데, '비방하다'(다바르, *dāḇar*)는 말은 '파괴하다, 정복하다, 가르치다'는 의미다. 미리암과 아론은 모세를 향해 매우 공격적 언어로 훈계했다. 모세가 구스 여자를 취한 것

은 정반대이다. 불평을 억누르는 것은 전혀 바람직하지 않다." 가이 윈치, ≪불평하라: 모든 변화를 이끌어내는 불평의 기술≫, 42.

은 표면적 이유였고, 그 안에 감추인 이유는 모세에게 있는 절대적 권력에 대한 시기와 질투, 경쟁심이었다.[61]

하나님은 시기심으로 모세를 공격한 미리암과 아론에 대해 진노하셨고, 미리암은 징벌로 나병에 걸렸다(9-10절). 하나님이 모세의 권위를 보호해주신 것이다. 사탄은 미리암과 아론의 마음을 시기, 질투, 경쟁심으로 자극하여 모세를 공격하게 했고, 이것이 하나님의 징계 대상이 되었다.

예수님은 사람을 더럽히는 것들 중 "질투"(개역한글은 "흘기는 눈")를 언급하신다(막 7:20-22). 바울은 육신에 속한 자의 태도로 "시기"를 지적했다(고전 3:3; 갈 5:19-20). 야고보 역시 "독한 시기"는 땅에서 난 악한 것들 중 하나라고 말했다(약 3:14-16). 하나님 나라는 남을 나보다 낫게 여길 때 임한다(빌 2:3). 시기, 질투, 경쟁은 개인과 공동체에서 하나님 나라를 파괴하는 사탄의 미혹이며 영적 전쟁의 대상이다.

시기, 질투, 경쟁은 모든 인간에게 나타나는 일반적인 감정이다. 모든 경쟁심이 나쁜 것은 아니다. 건강한 경쟁은 개인의 최선을 이끌어내고 정직한 평가를 촉진하며 경쟁자와의 동지애를 만들어준다.[62]

우리 안에 자연스럽게 일어나는 시기와 질투의 감정을 사탄의

---

61 송병현, ≪엑스포지멘터리: 민수기≫(국제제자훈련원, 2013), 227-228.

62 John C. Maxwell, *The 360-degree leader: developing your influence from anywhere in the organization*(Conordville, Pa.: Soundview Executive Book Summaries, 2006), 172.

미혹거리로 만들지 않는 방법은 무엇인가? 첫째, 다른 사람과 비교하지 않는 것이다. 비교는 개인의 삶을 불행으로 이끈다.[63] 하나님은 모든 사람에게 각자의 은사를 나누어주셨다. 모세가 다르고 미리암과 아론이 각각 다르다(민 12:6). 세상적인 기준으로 보면 높고 낮음이 있겠지만, 하나님 나라의 관점에서는 소중하지 않은 것이 없다(고전 12장).

둘째, 주어진 직분에 충성하는 것이다. 하나님은 "그는 내 온 집에 충성함이라"면서 모세를 칭찬하신다(민 12:7). 하나님이 기대하시는 것은 지위나 결과가 아니라 충성이다(고전 3:3). 세상이 주는 박수와 보상은 공정하지도 중요하지도 않다. 먼훗날 모든 것을 아시는 하나님께 "착하고 충성된 종"이라고 칭찬받으면 된다(마 25:21-23).

두려움

이스라엘 백성이 세 번째로 만난 영적 전쟁은 두려움이었다(민 13:1-14:38).[64]

---

63 "비교는 우리 마음을 불안하게 만든다. 그럼에도 불구하고 우리는 자녀나 동료들, 기타 아는 사람들을 수시로 비교하는 우를 범하고 있다. 만약 개인적 안정감과 가치감이 그러한 비교에서 비롯되는 것이라면, 우리는 금방 우울감을 느끼든가 금방 열등감을 느끼면서 매우 불안하고 초조한 삶을 살아야 할 것이다." 스티븐 코비, ≪원칙 중심의 리더십≫*(Principle centered leadership)*, 김경섭&박창규 역(김영사, 2001), 126.

64 탐 마샬, ≪성경으로 열리는 영적 전쟁≫, 145.

"이스라엘 자손 앞에서 그 정탐한 땅을 악평하여 이르되 우리가 두루 다니며 정탐한 땅은 그 거주민을 삼키는 땅이요 거기서 본 모든 백성은 신장이 장대한 자들이며 거기서 네피림 후손인 아낙 자손의 거인들을 보았나니 우리는 스스로 보기에도 메뚜기 같으니 그들이 보기에도 그와 같았을 것이니라" 민 13:32-33

시내산을 출발한 이스라엘 백성은 가데스 바네아에 도착했다. 출애굽한 지 약 1년 6개월 정도 지난 후였다. 이스라엘 백성은 하나님께 약속 받았음에도 가나안 땅을 눈으로 직접 확인하고 싶었다. 두려움 때문이었다. 이에 하나님은 12명의 정탐꾼을 보내라고 허락하신다(민 13:2-16).

40일 동안 가나안을 살피고 돌아온 정탐꾼들의 보고는 부정적이었다(25-29절). 젖과 꿀이 흐르는 풍요로운 땅은 맞지만, 거주민은 강하고 성읍은 견고할 뿐만 아니라 거인족 아낙 자손 때문에 정복이 불가능하다는 것이 그들의 판단이었다.

여호수아와 갈렙은 여호와께서 함께하심을 강조하며 "두려워하지 말라"고 백성을 권면했다(14:9). 하지만 이미 두려움에 사로잡힌 백성은 모세와 여호수아, 갈렙을 돌로 쳐서 죽이려 했다(10절). 결국 하나님은 이들의 믿음 없음에 분노하며 40년의 광야 생활을 형벌로 내리신다(11, 34-35절). 이스라엘 백성이 가나안의 풍성함을 누리지 못하게 한 것은 바로 두려움이다.

두려움은 자연스러운 본능으로, 위험에서 우리의 몸을 보호하는 역할을 한다. 자동차가 달려올 때, 뜨거운 것에 가까이 갔을 때, 낭떠러지 앞에 섰을 때 두려움을 느끼는 것은 당연하다. 본능적인 두려움이 없다면 그것이야말로 위험천만한 상태일 것이다. 또한 미래와 실패에 대한 두려움으로 인해 미리 계획하고 준비할 수 있다.[65] 하지만 두려움은 사탄이 그리스도인을 공격하는 가장 효과적인 방법 중 하나이기도 하다.[66]

두려움은 근심, 걱정, 염려, 불안, 공포 등으로 나타난다. 하나님이 우리에게 반복적으로 명령하시는 것 중 하나가 '두려워하지 말라'이다. 두려움은 극복하기 매우 어렵지만 반드시 해결해야 할 과제이다. 사탄이 이 두려움을 통해 하나님에 대한 불신을 만들고 하나님이 주시는 풍성함을 누리지 못하게 하기 때문이다.[67]

두려움은 크게 세 가지로 구분된다. 미래와 미지에 대한 두려

---

65 "두려움은 본능이기 때문에 누구에게나 있는 것이다. 두려움은 자기보존 본능의 도구다. 두려움은 하나님의 뜻이기 때문에 중요하며 모든 인생 과정의 자원이다. 두려움은 전 문명의 원동력이기도 하다." 폴 투르니에, ≪강자와 약자≫*(Les Forts et Les Faibles)*, 정동섭 역(IVP, 2000), 107.

66 "두려움은 사탄의 가장 효과적인 도구들 중 하나이다." Jerry Rankin & Ed Stetzer, *Spiritual Warfare and Mission: The Battle for God's Glory among the Nations*(Nashville: B & H Publishing Group, 2010), 146.

67 "불안은 두려움을 자아낸다. 두려움은 영을 마비시켜 기를 꺾어놓고, 기쁨을 앗아가고, 생명력을 죽이며, 자기중심적인 태도를 심어주고, 마음을 사로잡아 모험으로부터 멀어지게 만든다." 폴 투르니에, ≪모험으로 사는 인생≫*(L'Aventure de la Vie)*, 정동섭&박영민 역(IVP, 1994), 144.

움, 실패와 상실에 대한 두려움, 그리고 죽음에 대한 두려움이다. 죄로 인해 하나님과의 관계가 단절된 인류는 이 두려움을 절대 극복할 수 없다. 하나님 없이 두려움을 극복하기 위해 인류는 오랫동안 성공과 안전을 추구하고 영생할 수 있는 길을 찾아왔다.

하나님이 두려움을 허락하신 이유는 그 두려움을 들고 그분에게 나아오게 하기 위함이다.[68] 두려움은 믿음의 싸움이다. 사탄은 두려움을 이용해 하나님에 대한 신뢰를 무너뜨리고 세상이 추구하는 방향으로 우리를 이끈다. 사탄의 궁극적인 목적은 두려움을 통해 인류를 지배하려는 것이다.

이 두려움을 우리는 어떻게 극복할 것인가? 두려움은 온전히 믿음의 싸움이기 때문에 영적으로 해결해야 한다.

- **기도하라**: "아무 것도 염려하지 말고 다만 모든 일에 기도와 간구로, 너희 구할 것을 감사함으로 하나님께 아뢰라 그리하면 모든 지각에 뛰어난 하나님의 평강이 그리스도 예수 안에서 너희 마음과 생각을 지키시리라" (빌 4:6-7)
- **성경을 읽으라**: "오직 강하고 극히 담대하여 나의 종 모세가 네게 명령한 그 율법을 다 지켜 행하고 우로나 좌로나 치우치지 말라 그리하면 어디로 가든지 형통하리니 이 율법책을 네 입에서 떠나지 말게 하며 주야로 그것

68 폴 투르니에, ≪강자와 약자≫, 109-111.

을 묵상하여 그 안에 기록된 대로 다 지켜 행하라 그리하면 네 길이 평탄하게 될 것이며 네가 형통하리라" (수 1:7-8)

- **하나님을 신뢰하고 도전하라:** "우리가 알거니와 하나님을 사랑하는 자 곧 그의 뜻대로 부르심을 입은 자들에게는 모든 것이 합력하여 선을 이루느니라" (롬 8:28)
- **은사를 계발하라:** "하나님이 우리에게 주신 것은 두려워하는 마음이 아니요 오직 능력과 사랑과 절제하는 마음이니" (딤후 1:7)

불순종

이스라엘 백성이 광야에서 만난 네 번째 영적 전쟁은 불순종이었다(민 14:39-45).

> "내가 너희에게 말하였으나 너희가 듣지 아니하고 **여호와의 명령을 거역하고** 거리낌 없이 산지로 올라가매 그 산지에 거주하는 아모리 족속이 너희에게 마주 나와 벌 떼 같이 너희를 쫓아 세일 산에서 쳐서 호르마까지 이른지라" 신 1:43-44 *저자 강조

하나님의 약속을 신뢰하지 못하고 가나안 입성을 두려워한 결과 이스라엘 백성은 40년의 광야 생활이라는 형벌을 받는다(33절). 그제서야 이스라엘 백성은 하나님께 범죄했음을 깨닫고 가데스

바네아에서 가나안으로 아침 일찍 진격하려 한다(39-40절).

모세는 이 전쟁에 대한 하나님의 허락이 없었고, 하나님이 전쟁에 함께하지 않으실 것이라고 말한다(42-43절). 하지만 백성은 모세의 말에 불순종했고, 그 결과 아말렉과 가나안 사람들에게 참패하여 호르마까지 쫓기게 된다(45절; 신 1:43-45).

사탄의 가장 두드러진 특징이 불순종이다. 사탄은 하나님께 불순종하고 대적하는 자이다. 바울은 사탄의 후손을 "불순종의 아들들"이라고 칭한다(엡 2:2). 이 불순종의 아들들에게는 "하나님의 진노"가 임한다(5:6). 하나님의 명령에 불순종하는 것은 매우 심각한 영적 반역이다(약 4:7).[69]

사탄은 하나님의 말씀에 대한 신뢰를 무너뜨리고 불순종하게 만든다.[70] 이 불순종은 죄로 직결되고 결국 형벌로 이어진다(히 2:2). 왜냐하면 불순종은 하나님의 질서를 버리고 사탄의 질서를 택하는 것이기 때문이다.[71] 사탄은 우리가 복음에 불순종하여 멸망에 이르게 한다(요 3:36; 벧전 4:17).

---

69 "사탄이 우리를 속이는 것은 우리 마음을 통해서다. 따라서 하나님과 진리되신 하나님의 말씀에 순종하며 마음을 새롭게하는 것이 핵심이다." 제리 랜킨, ≪영적 전쟁 이렇게 승리하라≫, 296.

70 "믿음을 허무는 것은 불순종이며, 불순종이 굳어져 불신이 된다." 오스 기니스, ≪회의하는 용기: 회의를 넘어 믿음의 확신으로≫*(God in the dark: the assurance of faith beyond a shadow of doubt)*, 윤종석 역(복있는사람, 2008), 35.

71 "복음에 대한 불순종은 믿지 아니하는 자들을 영적인 어둠과 죽음 가운데 가두어두는 마귀에 의해 조장된다." 토마스 화이트, ≪능력 전투≫*(Believer's guide to spiritual warfare)*, 이재범 역

에덴동산에서 아담과 하와를 미혹한 것이 바로 이 불순종이다(롬 5:19; 고후 11:3). 불순종은 하나님보다 자신이 더 옳다는 생각에서 시작된다. 즉 스스로 하나님이 되려는 욕구이다. 그렇다면 불순종의 유혹을 어떻게 극복할 수 있을까? 성경은 보이지 않는 하나님에 대한 순종의 문제를 삶의 현장에서 실천하도록 요구한다.

- 부모에 대한 순종_엡 6:1; 골 3:20
- 남편에 대한 순종_골 3:18; 벧전 3:1
- 상전에 대한 순종_골 3:22; 벧전 2:18-19
- 교회의 권위에 대한 순종_벧전 5:5
- 국가 권력과 법에 대한 순종_롬 13:6-7; 딛 3:1; 벧전 2:13-14
- 모든 위에 있는 것에 대한 순종_롬 13:1-2
- 하나님 말씀에 대한 순종_고전 15:28

예수님은 순종의 모범을 보이셨다(빌 2:5-8). 하나님의 본체이신 분이 십자가 죽음에 순종하셨다. 육신의 부모를 공경하셨고(요 19:26-27), 국가 권력에 저항하지 않으셨으며(마 22:21), 율법주의와는 싸우되 율법은 완전케 하셨다(마 5:17).

(나단, 1994), 23.

영적 전쟁의 마지노선

이스라엘 백성은 시내산을 떠나 가데스 바네아로 가는 여정 중에 불평/불만, 시기/질투/경쟁, 두려움, 불순종의 영적 전쟁을 치렀다. 이들은 모든 영적 전쟁에서 패배했고 그 결과 40년의 광야 생활이라는 징계를 받았다. 이 징계는 형벌이 아니라 백성을 향한 아버지 하나님의 사랑이었는데 하나님은 이 과정을 통해 백성의 영적 성숙을 훈련하셨다(신 8:16).

민수기는 15장을 기점으로 새롭게 전환된다. 민수기의 후반부는 기본적인 영적 전쟁에서 벗어나 신앙생활을 오랫동안 하다 보면 만나게 되는 교묘히 진화된 영적 전쟁을 보여준다. 진화된 영적 전쟁으로 들어가기 전에 영적 전쟁에서 승리하기 위해 반드시 지켜야 할 마지노선이 소개된다. 예배와 말씀 묵상이다(민 15:1-41).

민수기 15장에서 하나님은 예배에 대한 규례(3-36절)와 말씀을 기억하기 위해 옷단 귀에 다는 술(37-41절)에 대해 말씀하신다. 예배에는 감사(13-21절)와 회개(22-31절)가 포함된다. 감사와 회개가 함께하는 예배는 불평/불만, 시기/질투/경쟁, 두려움, 불순종을 몰아내는 능력이 있다. 예배는 사탄의 공격을 물리치는 최고의 방법이다.

사탄의 궁극적 목적은 우리와 하나님의 관계를 끊는 것이다. 그런 의미에서 예배는 하나님과 맺은 관계의 마지노선이라고 할 수 있다. 예배마저 무너지면 사탄의 전면적인 공격에 노출되는 셈

이다. 예배 생활이나 성수주일은 하나님과의 관계를 보여주는 시금석과 같다.[72]

하나님은 이스라엘 백성에게 옷단 귀에 술을 만들라고 명하셨다. 그 술을 보면서 여호와의 모든 계명을 기억하여 지키게 하고, 이 말씀으로 인해 마음과 눈의 욕심을 따라 음행하지 못하게 하기 위해서였다(38-40절).[73] 말씀은 사탄의 공격을 물리치는 최고의 무기다(엡 6:17). 따라서 단순히 읽는 것에서 그치지 말고 묵상해야 한다(수 1:7-8). 묵상은 말씀을 삶의 다림줄이 되게 함으로써 사탄의 교묘한 미혹을 분별하여 이길 수 있도록 해준다.[74]

---

72 "주일성수는 신자의 경건한 삶의 여부를 결정짓는 중요한 사안입니다." 김남준, ≪성수주일≫(익투스, 2015), 175.

73 왕대일, ≪성서주석: 민수기≫(대한기독교서회, 2015), 382.

74 "성경을 읽는 것은 우리에게 힘을 줄 수도 주지 않을 수도 있지만, 성경을 묵상하는 것은 언제나 힘을 준다." 딘 셔만, ≪모든 그리스도인을 위한 영적 전쟁≫, 86.

애굽에서 나온 이스라엘 백성에게 광야 40년은
영적 전쟁을 위한 훈련 기간이었다.
이는 가나안 정복을 위해 반드시 필요한 과정이었다.

4장
광야 시대의 영적 전쟁 II
진보된 영적 전쟁

"그런즉 너희가 어떻게 행할지를 자세히 주의하여 지혜 없는 자 같이 하지 말고
오직 지혜 있는 자 같이 하여 세월을 아끼라 때가 악하니라
그러므로 어리석은 자가 되지 말고 오직 주의 뜻이 무엇인가 이해하라"

엡 5:15-17

가데스 바네아를 떠나 더 긴 광야 생활을 시작한 이스라엘 백성에게는 보다 교묘하게 진화된 영적 전쟁이 기다리고 있었다. 그들은 불평/불만, 시기/질투/경쟁, 두려움, 불순종 때문에 광야 생활이 40년 연장되었다는 사실을 알았다. 같은 실수를 반복하지 않기 위해 잘 이겨내는 듯했지만, 사탄의 공격은 계속될 뿐만 아니라 더욱 교묘해졌다.

우리 역시 마찬가지다. 처음 믿음의 길에 들어서 신앙생활을 시작할 때는 기본적인 영적 전쟁을 이겨내지 못해 괴로워한다. 그렇게 고통의 과정을 겪고 어느 정도 성숙했다고 생각할 때쯤, 훨씬 교묘해진 영적 전쟁이 찾아온다.

정의감과 동정심

이스라엘 백성이 만난 보다 교묘해진 영적 전쟁의 첫 번째는 정의감과 동정심이다(민 16:1-50). 이 내용은 고라가 당을 짓고 모세를 대적하는 것에서부터 시작된다.

> "그들이 모여서 **모세와 아론을 거슬러** 그들에게 이르되 너희가 분수에 지나도다 회중이 다 각각 거룩하고 여호와께서도 그들 중에 계시거늘 너희가 어찌하여 여호와의 총회 위에 스스로 높이느냐" 민 16:3 *저자 강조

고라와 함께했던 자들은 모세의 리더십을 시기하며 대항했다. 모세는 먼저 여호와께 문제를 가지고 나아가고(4절), 그 다음 백성에게 각자 주어진 직분이 다름을 인정하고 맡겨진 사역에 충성할 것을 요구한다(10-11절). 하지만 고라 일당은 순종하지 않았고 그 결과 하나님의 징계를 받게 된다(12-21절).

땅이 입을 열어 고라, 다단, 아비람 그리고 그들의 가족을 삼켜버렸고, 여호와께로부터 나온 불이 고라를 따르던 250명을 죽였다(31-35절). 이 상황은 미리암과 아론이 모세에게 대항했던 것과 비슷한데, 진보된 영적 전쟁은 여기에서 한걸음 더 나아간다.

> "이튿날 이스라엘 자손의 온 회중이 **모세와 아론을 원망하여** 이르되 **너희가 여호와의 백성을 죽였도다** 하고" 민 16:41 *저자 강조

하나님께 대적했던 사람들이 징계를 받을 때 다단과 아비람의 처자와 유아들까지 함께 죽었다. 이 일로 회중은 큰 충격에 휩싸여 모세와 아론을 원망한다.

"뭘 그렇게 잘못했다고 부녀자와 아이들까지 다 죽입니까? 도대체 아무것도 모르는 아이들이 무슨 죄가 있습니까? 당신들은 지도자면서 사태가 이 지경이 되도록 막지도 못하고 뭐했습니까?"

사탄은 백성의 정의감과 동정심을 자극했다. 부녀자와 아이들에 대한 동정심, 지나친 심판에 대한 정의감을 부추겨 분노하게 만들었다. 이 분노는 매우 정당하고 합리적인 듯 보인다. 하지만 정의감과 동정심은 성도가 쉽게 넘어가는 사탄의 미끼다.

매우 위험하고 교묘한 공격

정의감과 동정심은 매우 위험하고 교묘한 영적 전쟁의 요소이다. 소위 신앙생활을 오래 했고 열심이 있다고 여기는 성도에게 이 전쟁은 반드시 찾아온다. 정의감과 동정심은 하나님의 공동체를 훼파하고 분열시키는 사탄의 가장 효과적인 수단이다.

정의감(the sense of justice)은 자신이 옳다고 여기는 것을 성취하려는 욕구이다. 나름 합당하다고 여기는 정의실현의 욕구가 충족되지 않으면 이는 분노로 표출된다.[75] 동정심(sympathy)은 누군가가 정의롭지 못한 상황에 놓였을 때 그를 불쌍히 여기는 마음이다.

---

75 "정의에 대한 과도한 열정은 언제나 악마적이 된다." 월터 윙크, ≪사탄의 가면을 벗겨

정의롭지 못한 상황이 지속될 때 동정심은 정의감으로 전환되어 분노로 이어진다.

정의감과 동정심은 동전의 앞뒷면과 같다. 이해를 돕기 위해 예를 들어보자.

> 서울의 A 교회에서 16년 동안 충성스럽게 사역하던 담임목사의 재정 문제가 드러났다. 그동안 교회에 끼친 손해액이 1억 원 가까이 되었다. 온 성도가 충격에 휩싸였고, 장로들을 압박하여 담임목사를 사임시켜야 한다는 중론이 모아졌다. 담임목사는 문제를 해결하기 위해 대출을 받아 손해액을 변상한 후 용서를 구했다. 문제가 일단락되는 것 같았지만 성도 안에 분열이 생겼다. '그런 사람을 담임목사로 인정할 수 없다'는 쪽과 '그래도 그동안 쌓으신 공로가 있는데…' 하며 용서해주자는 쪽이었다. 급기야 사임을 요구하는 성도와 담임목사를 측은히 여기는 성도 간에 비방과 저주가 오갔다. 몸싸움을 하고 경찰이 출동하는 일까지 벌어졌다.

부흥하던 A 교회의 성도가 둘로 나뉘었다. 두 집단을 사로잡은 마음은 담임목사에 대한 정의감과 동정심이다. 하지만 이 상황을 가장 슬퍼하시는 분은 하나님이다. 반대로 가장 기뻐할 존재는 사탄이다.

라: 인간의 삶을 결정하는 보이지 않는 힘들≫*(Unmasking the powers: the invisible forces that determine human existence)*, 박만 역(한국기독교연구소, 2005), 59.

세상의 악한 자들 역시 정의감과 동정심을 이용하여 사람들을 속인다. 많은 언론과 정치인이 정의감을 자극하여 사람들을 선동한다. 걸인과 잡상인들은 동정심을 자극하여 물건을 판다. 공산주의 같은 정치적 이데올로기는 사회적 약자에 대한 정의감과 동정심을 자극하여 혁명을 일으켰다.

두려움처럼, 정의감과 동정심도 그 자체로 나쁜 것은 아니다. 하나님은 정의롭고 인자하신 분이다(시 33:5). 하나님의 형상대로 지음받은 사람들 역시 정의를 사랑하는 마음과 다른 사람을 긍휼히 여기는 마음을 갖고 있다.

문제는 이 정의감과 동정심의 기준이 하나님이 아닌 자기자신에게 있을 때이다. 우리는 누군가를 판단하고 비방할 때 자신이 옳다고 확신한다. 이 지나친 자기확신이 하나님의 뜻보다 앞서는 경우가 대부분이다.[76]

고라의 사건은 하나님의 질서를 벗어난 것이었고 그 결과 하나님의 형벌이 있었다. 백성은 이를 받아들여야 했다. 징계의 기준은 오직 하나님에게 있기 때문이다. 하지만 백성은 자신들이 정한 선과 악의 기준으로 모세와 아론에게 대항했다. 이것은 다름 아닌 하나님에 대한 대항이었다. 결국 이들의 지나친 정의감

76 "그리스도인은 자기가 옳고 다른 사람이 틀렸다고 너무 확신하기 때문에 자기 혀나 펜을 가지고 그리스도 안에서 형제된 다른 사람을 혹평하면서 매도하는 것이다." 데이비드 왓슨, ≪제자도≫*(Discipleship)*, 문동학 역(두란노서원, 1999), 226.

과 동정심은 하나님의 진노를 불러일으켰고 그로 인해 염병으로 14,700명이나 죽었다(민 16:47-50).

하나님의 기준으로 분별하라

성경에는 하나님의 뜻을 분별하지 못한 채 정의감과 동정심에 사로잡힌 사례가 많이 나온다.

지나친 정의감으로 무너진 대표적 인물이 다윗의 아들 압살롬이다. 이복형 암논이 여동생 다말을 강간했지만, 다윗은 어떠한 조치도 취하지 않았다. 압살롬은 다말에 대한 동정심과, 암논과 다윗에 대한 정의감에 사로잡혀 형을 죽이고 아버지의 왕위를 빼앗았다(삼하 13:23-29; 15:6-10).

선지자 요나는 원수의 도시 니느웨로 가서 구원을 외치라는 사명을 받았지만 하나님의 얼굴을 피해 다시스로 도망한다(욘 1:2-3). 요나가 하나님께 대항한 이유는 정의감이었다(4:1-3). 북이스라엘을 괴롭히는 앗수르를 위해 구원을 선포한다는 것은 도저히 받아들일 수 없는 명령이었던 것이다. 요나를 지배한 것은 하나님의 마음이 아닌 자신 안에 있는 선과 악의 기준이었다.

반대의 경우도 있다. 다윗은 사울 때문에 10여 년 동안 억울한 도망자로서의 세월을 보내게 된다. 사울을 죽일 수 있는 기회가 두 번이나 있었음에도 불구하고 그는 하나님의 뜻을 벗어난 일을 행하지 않았다(삼상 24:6; 26:9). 사울을 죽이고 싶은 마음이 가득했지만, 원수 갚는 것을 하나님께 맡긴 것이다(롬 12:19; 히 10:30).

요셉도 마찬가지다. 형들 때문에 애굽에 팔려간 요셉은 억울하고 분했을 것이다. 하지만 20여 년 만에 형들을 다시 만났을 때, 정의감에 휩싸여 복수하지 않고 하나님이 자신을 먼저 애굽에 보내신 이유에 대해 분별하며 용서하는 감격적인 모습을 보인다(창 45:7-8). 다윗과 요셉은 정의감을 이용해 공격하는 사탄을 물리쳤다.

동정심에 미혹되어 하나님의 뜻을 어긴 이야기도 있다.

여호수아 군대가 파죽지세로 가나안을 정복하자, 기브온 주민은 동정심을 자극하여 이스라엘과 조약을 맺으려 했다(수 9:3-6). 해어진 전대와 포도주 부대, 낡은 신발과 옷, 곰팡이 난 떡을 준비한 기브온 주민은 이스라엘 지도자들의 동정심을 자극하여 속였다. 결국 여호수아는 하나님께 묻지 않은 채 가나안 족속과 화친 조약을 맺었다(14-15절).

하나님은 이스라엘 백성에게 가나안을 정복할 때 가나안 일곱 족속을 진멸하라고 명령하셨다. 이때 그들을 '불쌍히 여기지 말라'고 말씀하신다(신 7:2; 25:12; 28:50). 이는 가나안 일곱 족속으로 인한 우상 숭배와 음란함의 미혹을 예방하기 위함이었다(민 33:55).

하나님은 또한 재판할 때 '불의를 행하지 말며' 동시에 '가난한 자의 편을 들지 말라'고 명령하신다(레 19:15). 지나친 동정심은 그리스도인이 싸워야 하는 영적 전쟁의 요소이다. 오늘날 우리는 인권이라는 이름으로 동정심을 자극하여 하나님의 뜻에서 멀어지게 하는 많은 죄악을 분별해야 한다.

직분과 상급에 대한 오해

민수기는 고라의 대적 사건에 내재되어 있는 또 다른 영적 전쟁을 소개한다. 직분과 상급에 대한 오해이다(민 17:1-18:32). 고라의 무리가 모세를 대적한 본질적 이유는 하나님이 주신 직분에 대한 오해에 있다(16:10-11). '모세는 높고 자신들은 낮다'고 생각한 것이다. 직분에 대한 오해가 동전의 앞면이라면, 상급에 대한 오해는 그 뒷면이다. 더 높은 직분을 가진 자가 더 많은 상급을 받을 것이라는 생각이다.

고라의 무리는 하나님 나라에서의 직분과 상급을 물질주의적 기준으로 바라보았다. 오늘날 많은 성도가 이와 비슷하게 생각한다. 직분을 계급으로 여기면서 자신의 충성에 대한 인정과 보상을 기대한다. 이 기대가 채워지지 않으면 큰 상처를 입고 교회를 떠나거나 급기야 하나님을 대적하기도 한다. 직분과 상급에 대한 오해라는 사탄의 올무에 걸린 것이다.

직분은 선물이다

민수기는 직분과 상급에 대한 성경적 관점을 설명한다.

신앙 공동체 안에서의 직분은 하나님의 권위로부터 나온다.[77] 하나님은 아론의 지팡이에 살구꽃이 피고 열매를 맺게 하심으로써 대제사장으로서의 위임적 권위를 분명히 드러내셨다(민 17:8).[78] 더불어 직분에 대한 영구적인 교육 방편으로 아론의 지팡이를 법궤 앞에 두도록 하셨다(10절).

이어서 제사장과 레위인의 직분에 대해 설명하신다. 제사장의 가장 중요한 직무는 '백성의 죄를 담당하는 것'이고(18:1), 레위인의 직무는 성막에서 제사장을 돕는 것이다(2절). 결국 제사장과 레위인의 가장 중요한 역할은 백성과 하나님 사이에서 중보 역할을 감당하는 것이다. 하나님이 이들을 세우신 목적 자체가 하나님의 일을 하기 위함이다. 제사장이나 레위인은 그들의 자격이나 공로가 아닌 하나님의 일을 위해 하나님의 일방적인 선택, 즉 선물로 그 직분을 받았다.[79]

성막에서 섬기는 자들의 직무는 대제사장-제사장-레위인으로 나뉜다. 표면적으로는 계급처럼 보일 수 있지만 이는 중요도의

---

77 "권위는 쟁취하는 것이 아니라 주어지는 것이다. 바로 이것이 성경적인 원리다." 플로이드 맥클랑, ≪하나님의 아버지 마음≫*(The Father heart of God)*, 김대영 역(예수전도단, 1997), 133.

78 필립 붓드, ≪WBC 성경주석: 민수기≫*(Word Biblical Commentary: Numbers)*, 박신배 역(솔로몬, 2014), 337-339.

79 송병현, ≪엑스포지멘터리: 민수기≫, 308.

순서이다. 구약의 제사 제도는 생명과 직결되기 때문에(3, 7절), 위로 올라갈수록 더 무거운 책임과 정결함이 요구된다. 그럼에도 불구하고 고라의 무리처럼 오해할 수 있다. 그래서 하나님은 제사장과 레위인의 관계성을 강조하신다.

제사장은 레위인을 하나님이 돕도록 주신 선물로 인식해야 한다(6절). 레위인은 제사장의 종이 아니라는 것이다. 제사장은 하나님의 선물인 레위인을 존귀하게 여겨야 한다. 동시에 제사장이라는 자신의 직분이 자격이나 공로가 아닌 하나님이 주신 선물임을 기억하여 언제나 겸손해야 한다(7절).[80]

레위인도 마찬가지다. 제사장과 협력하는 관계임을 기억하고 맡겨진 사역에 충성해야 한다(4절). 또한 직분을 계급으로 오해하여 하나님이 정하신 질서를 벗어나 월권을 행사하면 생명에 위협이 있을 수 있음을 기억해야 한다(3절).

성과가 아닌 충성

하나님은 제사장과 레위인에게 주어진 직무의 몫, 즉 상급에 대한 이야기를 이어가신다.

제사장 몫으로 돌아가는 것은 거제물(heave offering, 민 18:8), 요제(wave offering, 11절), 기름과 포도주와 곡식의 첫 소산(12절), 특별

---

80 Ronald B. Allen, "Numbers." in *The Expositor's Bible Commentary*(Grand Rapids: Zondervan, 2012), 264.

히 드린 모든 것(서원제, 14절) 그리고 소와 양과 염소의 처음 태생(17절)이다. 제사장을 위한 몫은 "소금 언약"으로, 불가침의 약속이다(19절).[81]

회막에서 일하는 레위인의 몫은 백성이 드린 십일조이다(24절). 하나님은 십일조를 몫("기업")으로 받는 것을 레위인을 위한 "영원한 율례"로 선포하신다(23-24절). 이는 제사장을 위한 소금 언약과 유사한 것으로, 하나님이 레위인을 선택하셨으며 그들의 생계를 책임져주시겠다는 약속이다.

제사장과 레위인의 몫을 나눔에 있어서 얼마나 일을 잘 하는지, 얼마나 능숙하게 제사를 집례하는지, 얼마나 효과적으로 사무를 처리하는지에 대해서는 어떠한 언급도 없다. 그 직분에 알맞은 몫을 약속하셨을 뿐이다. 일을 더 잘 하는 레위인에게 십일조의 2배를 주지 않으신다. 능숙하지 못한 제사장에게 양식을 제한하지 않으신다. 중요한 것은 맡겨진 일에 대한 충성이다.

제사장과 레위인은 이스라엘 백성과 하나님 사이의 중보자 역할을 잘 감당하여 이스라엘 백성이 하나님의 뜻을 따라 살도록 도와야 한다. 하나님은 제사장과 레위인에게 일의 성과가 아니라 충성을 요구하신다. 그러면 그들의 몫을 책임져주겠다고 약속하신다.

---

81 A. 누르체, ≪반즈 성경주석: 민수기≫*(Het boek Numeri)*, 최종태 역(크리스챤서적, 1991), 268.

만약 직분에 충성하지 못할 경우, 즉 백성이 하나님의 뜻에 따라 살도록 하지 못할 경우, 그들의 몫도 없다. 왜냐하면 백성이 여호와께 나아와 제사를 드리지 않고 십일조도 드리지 않을 것이기 때문이다. 안타깝게도 이 일은 이스라엘 역사 속에서 실제로 일어난다.

제사장과 레위인이 충성하면 하나님은 그들의 몫을 책임져주신다. 하지만 자신의 직무에 충성하지 않을 때 그 몫은 사라진다. 제사장과 레위인에게 돌아오는 몫은 직분에 의해 얻어지는 것이 아닌, 충성에 의해 주어지는 하나님의 상급이다.

하나님 나라를 실현하는 직분

직분과 상급에 대한 오해는 신앙생활 중에 만나는 아주 중요한 영적 전쟁이다. 직분과 상급에 대한 성경적 가치관을 세우는 것은 사실 쉽지 않다. 왜냐하면 우리는 물질주의로 가득한 세상에 살고 있기 때문이다.

물질주의는 수직적 질서를 따른다. 강한 자가 높은 곳에서 군림하고 약한 자가 낮은 곳에서 섬겨야 한다. 물질주의는 경제적 가치관을 따른다. 적게 투자해서 최대의 이익을 얻으려는, 결코 손해보지 않으려는 가치관이다. 이러한 물질주의와 경제적 가치관이 신앙과 교회 안에 깊이 들어와 있다.

반면 하나님 나라는 수평적 질서를 따른다. 강한 자가 약한 자를 섬기고, 부유한 자가 가난한 자를 채워준다. 하나님이 우리에게 직분을 허락하신 것은 군림하기 위함이 아니라 섬김으로 하나님의 질서를 이루게 하기 위함이다.

하나님 나라의 가치관을 따르는 지도자는 생계를 담보로 위협하는 자가 아닌 섬기는 자이다(마 23:10-23). 업신여기거나 억압하는 자가 아닌 모범을 보이는 자이다(요 13:15-17; 살후 3:9). 높은 위치에 오르기 위해 권모술수와 불법을 행하는 자가 아닌 하나님 앞에서 충성하는 자이다(눅 19:17; 고전 4:2; 살전 2:7).

하나님 나라의 종이나 직원은 투쟁이나 경쟁하지 않고 순종과 성실함으로 일한다(엡 6:5). 상전이 있을 때만 일하는 척하지 않고 하나님 앞에서 충성되게 일한다(골 3:22). 상전이 자신들의 생계를 책임진다고 생각하지 않고 하나님이 공급하실 것을 믿는다(엡 6:8).

예수님이 십자가 사역을 앞두고 예루살렘에 입성하실 때 야고보와 요한의 어머니가 찾아왔다. 두 아들을 예수님의 옆자리에 앉게 해달라고 부탁하기 위해서였다(마 20:20-21). 사람들은 예수님이 이스라엘의 왕으로 등극하기 위해 예루살렘에 입성하신다고 생각했다. 두 아들에 대한 청탁을 들은 제자들은 매우 분노했다(24절). 그들 역시 그 자리를 탐내고 있었기 때문이다.

마가복음 9장을 보면, 예수님은 죽음과 부활에 대해 열심히 설명하시는데 제자들은 "서로 누가 크냐"를 두고 쟁론하고 있다(막 9:33-34). 예수님이 잡히시기 직전 마지막 만찬의 자리에서도 "그들 사이에 그중 누가 크냐"는 다툼이 있었다(눅 22:24).

제자들은 예수님의 십자가에 아무런 관심이 없었다. 더 높은 직분을 받고 싶은 마음뿐이었다. 그들은 3년간의 고생에 대한 대가를 원했다. 사탄은 수직적 질서를 바탕으로 한 직분과 상급의 개념으로 제자들을 미혹했다. 이런 제자들에게 예수님은 끊임없이 하나님 나라의 질서, 곧 수평적 질서를 선포하신다.

> "너희 중에는 그렇지 않아야 하나니 너희 중에 누구든지 크고자 하는 자는 너희를 섬기는 자가 되고 너희 중에 누구든지 으뜸이 되고자 하는 자는 너희의 종이 되어야 하리라" 마 20:26-27

영적 두려움

민수기가 고라 일당의 사건과 관련하여 소개하는 또 다른 영적 전쟁은 영적 두려움이다(민 19:1-22).

시체를 만져본 적이 있는가? 이는 결코 유쾌한 경험이 아니다. 동서고금을 막론하고 시체를 다루는 일은 모두가 꺼렸다. 더욱이 그 죽은 자가 하나님께 징계를 받은 자라면, (타종교의 언어를 사용하여) 천벌을 받아 죽은 자라면, 더욱 피하고 싶을 것이다. 이것이 일종의 영적 두려움이다.[82] 일반적 두려움은 마음을 상하게 하지만 영적 두려움은 영혼을 상하게 한다.

민수기 19장은 고라 일당이 저지른 반역 사건의 연장선상에 있는데, 붉은 암송아지 재를 통해 시체를 만진 자가 어떻게 정결하게 되는지 보여준다. 고라 일당이 하나님께 징계를 받아 죽자 백성은 정의감과 동정심에 사로잡혀 모세에게 대항했다. 이에 하나님은 염병을 일으켜 14,700명을 징계하셨다(16:49). 다행히 중보자로 선 아론으로 인해 징계가 멈추었다(48절).

이제 시체를 처리하는 일이 남았다. 어쩔 수 없이 이 일을 해야 하는 가족들은 영적 두려움에 부딪혔다. 여기서 하나님이 해결책을 제시하신다. 붉은 암송아지 재로 정결케 하는 것이다(19:11-13).

예수님을 믿든 믿지 않든 상관없이, 모든 사람은 영적인 것에 민감하다. 영적 존재로 창조되었기 때문이다. 과학 문명이 고도로 발전했음에도 불구하고 여전히 무당과 점집이 성행하는 것 역시 같은 이유이다. 흔히 쓰이는 '부정탔다, 액운이 끼었다, 신수가 좋지 않다' 등의 말은 우리가 얼마나 영적인 것에 민감한지를 보여준다.

이런 경우는 일상에서 매우 흔하다. '죽을 사'(死)를 연상시키

82 데니스 올슨, ≪민수기: 목회자와 설교자를 위한 주석≫*(Numbers interpretation)*, 차종순 역 (한국장로교출판사, 2017), 189.

는 숫자 4를 꺼림직하게 여긴다. 시험 당일 아침에는 미역국을 먹지 않고 머리도 감지 않는다. 시험장 교문에 엿을 붙여 놓고 부정 타지 않도록 행동을 조심한다. 이사도 귀신이 활동하지 않는다는 '손 없는 날'을 골라서 하고, 운이 좋은 '길일'을 골라 결혼하는 것이 흔히 볼 수 있는 현대인의 모습이다.

사탄은 영적 두려움을 이용해 사람들을 통제한다. 우리는 무당이나 역술인에게 수억 원을 빼앗기거나 사이비 종교에 빠진 사회 고위층과 고학력자들의 이야기를 종종 듣곤 한다. 이들을 지배하는 주요 요소가 바로 영적 두려움이다. 영적 두려움은 교회 안에서도 다양한 모습으로 나타난다.

교회가 타락하면 하나님의 징계를 빙자한 영적 두려움으로 성도를 조종하려 한다. '주일예배 빠지고 놀러 가면 교통사고 난다.' '어떤 장로가 목사를 대적했다가 암에 걸려 죽었다.' '어느 교회 안수집사가 십일조를 떼먹어서 사업이 망했다.'

헌신적인 신앙생활을 독려하려는 마음은 이해하지만, 이런 말은 하나님에 대한 심각한 오해를 불러일으킬 수 있다. 하나님이 언젠가는 나를 불행하게 만드실 것이라는 두려움, 하나님이 나를 감시하고 징계하실 것이라는 두려움, 하나님이 나의 행복을 빼앗아가실 것이라는 두려움 등이다.

하나님은 우리에게 두려움을 주시는 분이 아니다(딤후 1:7). 하나님이 우리와 늘 동행하시는 이유는 감시하여 징계하기 위함이 아닌 우리를 도와주고 돌보기 위함이다(시 121:5-6). 물론 징계하실 때도 있지만, 하나님은 근본적으로 공포심을 이용하여 그 자녀를 통제하시는 분이 아니다(렘 29:11).

하나님은 붉은 암송아지의 재로 정결 예식을 행하지 않으면 '죽는다'고 강력하게 경고하신다(민 19:20). 매우 공포스러운 말씀으로 들릴 수 있지만, 이것은 오히려 강력한 자유 선언이다. 시체로 인해 부정하게 된 자가 정결 예식을 거치면 완벽하게 자유로워진다는 뜻이기 때문이다.

붉은 암송아지의 재를 섞은 물을 "정결하게 하는 물"이라 부른다(20절). 이는 예수 그리스도의 보혈로 우리가 모든 얽매였던 것에서 자유롭게 됨을 예표한다(롬 7:6; 히 9:13; 계 1:5).[83] 하나님은 막연한 영적 두려움에서 우리를 해방시키기 원하신다.

영적 두려움의 근원은 바로 죄이다. '죄 짓고는 못산다'는 말이 있듯이, 사람들은 죄의 결과가 재앙임을 본능적으로 안다. 자녀가 아프거나 가정에 문제가 생기면 부모는 문제의 원인으로 자신의 죄를 떠올리곤 한다. 소원하는 바가 이루어지지 않으면 혹시나 죄로 오염된 부분이 있는지 찾곤 한다.

죄의 문제를 해결한다는 것은 영적 두려움으로부터의 자유를 의미한다. 그래서 사람들은 오래전부터 선행, 종교, 철학, 과학 등

---

83 송병현, ≪엑스포지멘터리: 민수기≫, 317.

을 통해 죄로 인한 불행을 막으려 애써왔다. 또는 무신론이라는 이름으로 죄의 개념과 심판자이신 하나님을 제거해버리기도 했다. 하지만 이 세상 그 어떤 종교와 사상도 죄로부터 완벽한 자유를 선물하지 못했다.

성경은 죄의 삯은 사망이라고 말한다. 죄를 없애기 위해서는 대속물이 필요한데 예수님이 직접 대속물이 되어 우리의 과거, 현재, 미래의 모든 죄를 해결해주셨다. 따라서 그리스도를 영접한 자들에게는 결코 정죄함이 없다(롬 8:1).[84] 우리는 예수님으로 인해 하나님을 아빠 아버지라 부르는 특권을 얻게 되었다.

하나님은 사랑하는 자들을 위해 모든 것을 합력하여 선하게 바꾸신다(28절). 그분은 우리의 연약함을 아신다. 불행이나 고난이 죄의 결과로 찾아와도 두려워하지 않아도 된다. 왜냐하면 우리를 향한 하나님의 생각은 재앙이 아니라 미래와 희망이기 때문이다(렘 29:11).

성공과 실패에 대한 오해

이어지는 영적 전쟁은 성공과 실패에 대한 오해이다(민 20:1-21:9).[85] 사탄이 그리스도인을 무기력하게 만드는 전략 중 하나가 이것이다. 영적 전쟁에서 승리하기 위해서는 성공과 실패에 대한 바른

---

84 왕대일, ≪성서주석: 민수기≫, 449.

85 탐 마샬, ≪성경으로 열리는 영적 전쟁≫ 145.

분별력이 필요하다.

민수기 20장에는 세 가지 실패 이야기가 나온다.[86] 첫째, 므리바 사건으로 인해 가나안 입성을 거절당한 모세와 아론(20:2-13), 둘째, 에돔 땅 통과 요청을 거절당한 것(14-21절), 셋째, 미리암과 아론의 죽음(1, 22-29절)이다.

여기서 우리는 중요한 질문 몇 가지를 생각할 필요가 있다.

- 모세와 아론은 목표를 이루었는가, 이루지 못했는가?
- 모세와 아론의 삶은 성공했는가, 실패했는가?
- 당신이 모세라면 하나님께 거절당한 후에도 민족 지도자의 역할을 계속 감당하겠는가?

모세와 아론이 왜 가나안 입성을 거절당했는지 정확히 설명하기는 어렵다. 본문에 언급된 것처럼, 하나님을 믿지 못하고 하나님의 거룩함을 나타내지 못한 것에 대한 징계라고 볼 수도 있다(12절). 하지만 모세가 지금까지 보여주었던 충성을 생각하면 이 설명은 매우 빈약하다. 아니면 모세와 아론을 포함한 출애굽 1세대가 모두 거절당했기 때문이라고 볼 수도 있다(14:27-30). 하지만 이 역시 여호수아와 갈렙은 가나안에 들어가고 모세와 아론은 제

86 왕대일, ≪성서주석: 민수기≫, 464.

외되었다는 점에서 의문이 든다.

어찌되었든 모세는 40년 동안 수고한 것에 대한 대가를 얻지 못했다. 이런 의미에서 모세는 목표를 성취하지 못한 실패자라고 평가받을 수도 있다. 40년 동안 백성이 내뱉는 온갖 원망과 불평을 들어주며 여기까지 왔는데 가나안 땅 바로 앞에서 공개적으로 하나님께 거절당하다니…. 얼마나 낙담되고 고통스러웠겠는가.

놀라운 것은, 모세와 아론은 이 상황에 대해 하나님께 어떤 불평과 원망도 하지 않는다는 점이다. 심지어 그들은 지도력에 심각한 손상을 입었음에도 불구하고 지도자로서의 직임을 끝까지 수행한다.

드디어 광야 40년의 시간이 끝나고 가나안 입구인 가데스 바네아에 다시 도착했다. 그런데 모세가 갑자기 방향을 바꾼다(20:14-17). 므리바에서 물이 없다고 불평하는 백성의 모습을 본 모세는 40년 전의 출애굽 1세대가 생각났을 것이다. 같은 길로 갔다가는 아비 세대와 똑같이 불신앙으로 하나님께 거절당할까봐 여정을 바꾼 듯하다(14:39-45 참고).

모세는 요단 동편을 지나 요단강을 건널 계획을 세웠다. 이를 위해서는 에돔을 통과해야 했는데 안타깝게도 에돔 왕은 이를 거절한다(20:18). 결국 모세는 이스라엘 백성을 이끌고 에돔 땅을 둘러서 가야 했다. 모세의 체면이 구겨지는 실패의 순간이었다. 아니나 다를까 이스라엘 백성은 에돔을 우회한 것에 대해 하나님과 모세에게 불평한다(21:4-5). 그리고 이 일로 인해 하나님은 불뱀의 심판을 내리신다(6-9절).

사탄이 주는 성공의 개념을 버려라

사탄은 실패는 나쁜 것이고 성공은 좋은 것이라고 속인다.[87] 세상적인 기준으로 볼 때 예수님의 인생은 철저히 실패했다. 33세에 결혼도 못하고, 변변한 직업도 없이, 미쳤다는 조롱을 들으며, 결국 죄수의 신분으로 로마의 참혹한 형틀인 십자가에 달렸으니 말이다. 하지만 하나님도 이렇게 평가하실까? 하나님은 예수님의 십자가를 영광으로 받으셨다(요 17:1).

십자가에 거꾸로 달려 죽은 사도 베드로, 참수형 당한 사도 바울, 교회사 속에서 이름도 없이 순교한 믿음의 선배들, 이들은 성공한 사람인가, 실패한 사람인가? 성도가 열 명도 안 되는 시골 교회를 평생 섬기신 목사님, 작은 마을에서 농사만 짓다 암에 걸려 돌아가신 장로님, 이런 분들의 삶은 성공인가, 실패인가?

사탄은 일이 잘되어야만 성공한 것이라고 속인다. 하지만 하나님은 씨를 뿌리는 자와 거두는 자가 다를 수 있다고 알려주신다(요 4:37). 모세는 분노하면서 가나안에 들어가겠다고 조르지 않았다. 자신의 직무가 광야 40년까지임을 알았기 때문이다. 그는 자신의 인생

87 "인간의 모든 문명은 거짓된 가치 척도를 제시하여, 강한 사람에게는 긍정적인 가치를 주고 약자에게는 부정적인 가치를 준다." 폴 투르니에, ≪강자와 약자≫, 193.

이 실패했다거나 소모되었다고 생각하지 않았다. 하나님 안에서의 성공은 자신에게 맡겨진 직무에 충성하는 것이다(고전 4:2).

일을 하다 보면 잘될 수도 있고 안될 수도 있다. 결과를 보고 성공과 실패를 판단하는 것은 매우 위험하다. 큰 성공을 거두었다고 주목과 박수를 받았다가 일의 과정에서 비리가 있었음이 나중에 드러나는 경우도 허다하다. 때로는 하나님이 주시는 실패도 있다. 성숙과 성장을 위해 실패의 길로 인도하기도 하신다.

실패가 많은 사람은 도전을 많이 한 사람이다. 실패는 결코 무가치하지 않다. 사탄은 그리스도인에게 무조건 성공해야 하나님께 영광이 된다는 착각을 심어놓았다. 그렇지 않다. 하나님은 실패를 통해 더 좋은 길로 인도하기도 하신다.[88]

실패는 존재 가치가 아니라 사건이다

사탄은 실패를 이용해 우리의 존재 가치를 무너뜨리려 한다.[89] 실패는 하나의 사건이지 존재 가치를 평가하는 기준이 아니다. 사탄

---

88 "건강한 신자는 모든 사람이 실패할 수 있으며 하나님의 무한한 지혜는 이미 그러한 실패에 대해 예비하셨다는 사실을 받아들이고 그분의 자비와 은총에 대해 감사하는 마음으로 하나님을 따른다. 우리가 하나님께 받아들여질 수 있는 사람임을 부인할 필요가 없다. 그분은 우리를 지으셨고 어쨌거나 우리를 사랑하신다." 스티븐 아터번&잭 펠톤, ≪해로운 믿음≫*(Toxic faith)*, 문희경 역(죠이선교회, 2003), 354.

89 "실패는 프라이드에 손상을 가져온다. 짐승도 상처를 입으면 악해진다. 건강한 유기체에서라면 실패는 자기성찰과 비판에 자극제가 될 것이다. 그러나 악한 사람은 자기비판을 견딜 수 없기

은 실패한 우리를 참소한다. 다른 사람들이 어떻게 생각할까 두렵게 만든다. 실패를 하나님의 징계나 형벌로 오해하게 한다.[90] 수많은 그리스도인이 실패를 이유로 교회를 멀리하거나 하나님을 떠난다. 심지어 스스로 목숨을 끊는 경우도 있다.

연이은 실패로 모세는 하나님께 버림받았다고 느꼈을 수도 있다. 그러나 그는 변함없이 이스라엘을 이끌고 나아간다. 어쩌면 들어가지도 못할 가나안 땅으로 가고 싶지 않았을지도 모른다. 차라리 골치덩어리 이스라엘을 포기하고 죽기를 기다리는 게 낫다고 생각하지 않았을까? 하지만 모세는 실패 때문에 자신의 존재 가치를 파괴하지 않았다. 그는 실패를 하나의 사건으로 받아들이고 변함없이 자신의 직무에 충성했다. 실패 자체의 영향력은 생각보다 미미하다. 중요한 것은 그것을 바라보는 시선이고 다루는 태도이다.

실패에 관한 거짓말

사탄은 '최선의 길이 아니면 실패!'라는 생각을 집어넣는다. 안타깝게도 과정의 문제 때문에 공동체 자체가 흔들리는 경우가 종종

때문에 그가 어떤 양상으로든 불가피하게 격렬히 열을 받게 되는 것은 바로 실패의 시간이다." M. 스캇 펙, ≪거짓의 사람들≫*(People of the lie)*, 윤종석 역(두란노서원, 1991), 281.

90 "실패는 영적으로 뭔가 잘못되었음을 뜻한다는 뿌리깊은 생각 때문에, '영적으로 아무 문제가 없어도 실패할 수 있다'는 사실을 도무지 받아들일 수가 없는 것이다." 래리 오스본, ≪일상을 걷는 평범한 그리스도인의 영성≫*(Spirituality for the rest of us)*, 홍종락 역(디모데, 2010), 194.

있다. 계획한 대로 일이 진행되지 않는다는 이유로 갈등과 다툼이 생겨 공동체가 파괴되기도 한다. 사탄은 반드시 최선의 길로 가야 한다고, 차선의 길은 실패라고 우리를 밀어붙이며 미혹한다.

손자병법 36계의 비책 중 그 마지막이 '줄행랑'이라고 불리는 주위상책(走爲上策)이다. 도망가는 것이 제일 좋은 전략이라는 것이다. 줄행랑은 줄지어 있는 행랑채를 묘사한 것으로, 줄을 지어 도망가는 모습에서 나온 말이다. 후퇴가 최선은 아니다. 그렇다고 실패도 아니다. 차선으로 택한 후퇴가 더 큰 승리를 가져다줄 때도 있기 때문이다.

이스라엘 백성에게 최선의 방법은 에돔을 직접 통과하는 것이었다. 하지만 하나님은 차선의 방법인 돌아가는 길을 허락하셨다. 어떤 의미에서는 이스라엘이 에돔과 싸워보지도 않고 후퇴했다고 볼 수도 있다. 사탄은 차선을 선택한 모세와 이스라엘 백성의 자존심을 자극했을지도 모른다. 하지만 모세는 그 선택을 부끄러워하지 않았다.

이스라엘은 몇 배로 늘어난 길을 돌아가야 했다. 하지만 그 때문에 전쟁없이 목적지까지 갈 수 있었다. 조급한 마음에 전쟁을 감행했다면 분명 엄청난 손실을 겪었을 것이다. 주님은 때로 우리를 돌아가게도 하신다. 당장은 그 길이 이해가지 않고 손해보는 것처럼 여겨질 수 있다. 하지만 나의 생각을 내려놓고 주님께 순종할 때 예상치 못했던 더 좋은 결과를 만날 것이다. 하나님의 생각은 나의 생각과 다르기 때문이다.

에돔을 둘러서 갈 때, 이스라엘 백성은 어떤 생각을 가장 많이 했을까? '우리가 약하기 때문에 이렇게 돌아가는 거야. 그래서 힘을 길러야 해!' 하는 생각이었을 것이다(민 20:20). 훗날 하나님은 그들이 힘이 없어서 돌아간 것이 아님을 알려주신다. 그들이 돌아간 이유는 야곱의 형 에서 자손과의 전쟁을 피하기 위함이었다(신 23:7).

사탄은 약하면 실패한다고 속인다. 그 결과 사람들은 하나님을 의지하기보다 힘을 길러야 한다고 믿는다. 하지만 기억하라. 세상의 주관자인 하나님은 강자의 편이 아니라 '하나님을 의지하는 자'의 편이다(출 14:14; 시 46:10).

감당치 못할 시험을 막으시는 하나님

하나님은 광야 40년의 세월을 이스라엘 백성을 위한 영적 전쟁의 훈련장으로 활용하셨다. 광야 40년은 믿음을 성장시키는 훈련 과정이었다. 영적 전쟁은 혈과 육에 대한 것이 아닌 믿음의 전쟁이기 때문이다(히 3:17-19).

출애굽 1세대는 영적 전쟁에서 패하여 광야에서 죽었지만(8-11절), 우여곡절 속에서 출애굽 1.5세대와 2세대는 광야 40년의 세월을 통과했다. 전쟁에 능한 자로 성장한 것이다. 이제 승리할 때가 된 것 같다. 민수기는 이스라엘 민족이 요단 동편 아모리인의 왕 시혼과 바산 왕 옥을 점령하는 장면을 보여준다(민 21:10-35). 하나님의 훈련 과정을 통과한 이스라엘 민족이 이룬 멋진 승리의 장면이다.

이스라엘이 요단 동편을 파죽지세로 점령하자 모압 왕 발락은 유브라데 강가에서 활동하던 발람이라는 이방 선지자를 불러 이스라엘을 저주하게 한다(22:5-6). 당시 사람들은 전쟁을 신들의 전쟁으로 여겼기 때문에 강한 신을 섬기는 나라가 이긴다고 믿었다.

돈을 받은 발람은 이스라엘을 세 번 저주하려 했지만, 하나님은 오히려 이스라엘을 축복하게 만드셨다(23:5, 16; 24:2). 결국 발람은 이스라엘을 저주하지 못하고 자기가 살던 곳으로 돌아간다(24:25).

모압 평지에서 야영하던 이스라엘 백성은 이러한 사실을 전혀 알지 못했다. 훗날 모세가 기록한 민수기를 통해 알게 되었을 것이다. 이것을 통해 영적 전쟁에서 매우 중요한 사실을 발견할 수 있다. 하나님은 그분의 백성이 감당하지 못할 시험을 허락하지 않으신다는 것이다.

"사람이 감당할 시험 밖에는 너희가 당한 것이 없나니 오직 하나님은 미쁘사 너희가 감당하지 못할 시험 당함을 허락하지 아니하시고 시험 당할 즈

음에 또한 피할 길을 내사 너희로 능히 감당하게 하시느니라" 고전 10:13

우리 안에는 영적 전쟁에 대한 막연한 두려움이 있다. 언제 시련이 닥칠지 모른다는 생각으로 인해 불안과 염려에 휩싸이기도 한다. 진리는 우리를 자유케 한다. 성경은, 하나님은 우리가 감당할 시험 외에는 허락하지 않으신다고 말한다.

하나님이 발람의 저주를 축복으로 바꾸셨듯이, 우리가 감당하지 못할 영적 공격도 하나님이 막아주실 것을 신뢰해야 한다. 동시에 우리에게 시험과 고난이 찾아왔다면 이는 우리가 충분히 이길 수 있는 것들임을 기억해야 한다.

돈을 받은 발람은 미안했는지 모압 왕 발락에게 이스라엘을 몰락시킬 결정적인 미혹거리를 알려준다(민 31:16). 음행과 성적 타락이다(25:1). 이것이 민수기에 나오는 마지막 영적 전쟁으로, 음행한 이스라엘 진영에 염병이 돌아 24,000명이 죽었다(8-9절). 다행히 아론의 손자 비느하스의 거룩한 질투심으로 이 재앙이 멈춘다(10-11절).

그리스도인이 넘어야 할 마지막 영적 전쟁을 꼽으라면 성적 타락이다(벧후 2:18).[91] 육체의 정욕을 제어하는 것은 결코 쉽지 않다(벧전 2:11). 그럼에도 잊지 말아야 할 것은, 하나님이 우리에게 허

91 "성적 범죄도 사탄이 우리를 대적할 때 즐겨 사용하는 책략 가운데 하나다(고전 7:5). 성적 부도덕은 우리를 속이고 옭아맨다. … 음행은 매우 심각한 범죄로, 심한 죄책감을 느끼게 만든다(시

락하신 이유는 우리가 감당할 만하기 때문이라는 사실이다.

성적 범죄는 오랜 시간 쌓아올린 우리의 수고를 한순간에 무너뜨릴 만큼 그 여파가 크다. 성에는 강력한 쾌락이 내재되어 있기 때문에 부부 관계를 벗어나는 순간 매우 위험해진다. 그리스도인은 육체의 정욕을 부부 관계 안에서 지혜롭게 이겨내야 한다.

영적 전쟁의 상급

고대 사회에서 전쟁에 참여한 사람들의 보상은 전리품이었다. 생업을 포기하고 전쟁에 나갔던 사람들이 전리품 없이 돌아오는 것은 엄청난 경제적 손실이고 수치였다. 전쟁의 중요도에 따라 얻을 수 있는 전리품이 달라졌다. 영적 전쟁은 우리가 상상하는 것 이상의 위대한 전쟁이다. 하나님이 이 전쟁에 우리를 초대하신 목적은 전리품, 즉 상급을 주기 위함이다.

민수기에서는 두 번의 인구 조사가 진행된다. 첫 번째는 전쟁을 위한 군대의 계수였고, 두 번째는 땅을 분배하기 위한 것이었다(민 26:1-62).[92] 이스라엘 백성에게 땅은 영적 전쟁의 전리품이었다.

32:3-4). 성적 범죄를 저지른 사람들은 하나님의 진리를 이해하고 그 안에서 행하는 능력을 상실한다(잠 5:22-23; 7:6-7, 21-23). 따라서 우리는 음행을 피해야 한다(고전 6:18)." 브라이언 보그먼&롭 벤투라, ≪영적 싸움≫*(Spiritual warfare)*, 조계광 역(생명의말씀사, 2014), 61-62.

92 데니스 올슨, ≪현대성서주석: 민수기≫, 250.

40년 광야 생활의 영적 전쟁을 통과한 사람들은 가나안에 들어가는 상급을 받았다. 이들은 가나안에 들어가 새로운 영적 전쟁을 시작해야 했다. 가나안 일곱 족속을 몰아내는 싸움으로, 이 전쟁의 성패에 따라 상급이 달라진다.

예수 그리스도는 영적 전쟁의 군대 대장이다(수 5:14). 우리는 영적 전쟁을 두려워하지 않아도 된다. 예수님이 사탄의 권세를 멸하셨기 때문이다. 예수님이 이미 승리하셨음을 믿고 동참하면 된다(요 16:33). 이기는 자들에게는 하나님의 상급이 기다리고 있다(계 21:7).

시내산 →	기본적 영적 전쟁	마지노선	진보된 영적 전쟁	→ 가나안
	불평/불만 시기/질투/경쟁 두려움 불순종	예배 말씀 묵상	정의감/동정심 직분에 대한 인식 영적 두려움 실패에 대한 인식	

고통의 과정을 겪고 어느 정도 성숙했다고 생각할 때쯤,

훨씬 교묘해진 영적 전쟁이 찾아온다.

5장
교회 시대의 영적 전쟁

"용이 여자에게 분노하여 돌아가서 그 여자의 남은 자손
곧 하나님의 계명을 지키며 예수의 증거를 가진 자들과 더불어 싸우려고
바다 모래 위에 서 있더라"

계 12:17

에덴동산에서부터 시작된 영적 전쟁은 이스라엘 역사 내내 이어졌다. 하나님은 사탄의 머리를 상하게 할 '여자의 후손'(씨)을 약속하셨고, 사탄은 여자의 후손이 이 땅에 오지 못하도록 '여자'와 '여자의 후손'을 공격했다. 끝없이 계속되는 공격에도 하나님은 여자의 후손을 보존하셨고, 드디어 마리아의 몸을 통해 여자의 후손 예수 그리스도가 이 땅에 오셨다.

사탄은 자신의 머리를 상하게 할 예수 그리스도를 공격했지만 발꿈치를 상하게 할 뿐이었다. 예수님은 죄의 우두머리인 사망을 이기고 부활하여 하나님 보좌 우편에 앉으셨다. 예수님의 승천 이후 사탄은 '여자의 남은 자손'을 공격한다. 오늘날의 교회가 그 현장에 있다.

예수님을 시험한 사탄

사탄은 여자의 후손이 이 땅에 오지 못하도록 이스라엘 역사 속에서 지속적으로 공격했다. 그럼에도 하나님의 열심은 여자의 후손 예수 그리스도를 이 땅에 보내셨다. 사탄은 예수님의 탄생부터 공격하기 시작했다. 헤롯 대왕을 미혹하여 2세 미만의 영아를 죽이게 함으로써 예수님을 죽이고자 한 것이다(마 2:16). 하나님은 예수님의 가족을 애굽으로 피신시켜 생명을 보존하셨다(13절). 그후 나사렛에서 생활하던 예수님은 30세쯤 되어 공생애를 시작하신다(눅 3:23). 동시에 사탄의 공격도 다시 시작된다.

돌들로 떡덩이가 되게 하라

예수님은 세례 요한에게 세례를 받으며 공생애를 시작하셨다(마 3:13). 세례를 받은 예수님은 성령에게 이끌려 마귀에게 시험을 받으러 광야로 가셨다(4:1).

첫 번째 시험은 돌들로 떡덩이가 되게 하라는 것이었다(3절). 이에 예수님은 "사람이 떡으로만 살 것이 아니요 하나님의 입으로부터 나오는 모든 말씀으로 살 것이라"(4절; 신 8:3 참고)는 답으로 거절하신다. 당시 예수님은 40일 동안 금식한 후라 어느 때보다 떡이 절실한 상황이었다. 하지만 이것은 예수님의 배고픔을 해결하라는 단순한 시험이 아니었다.

당시 유대인의 가장 큰 문제는 먹고사는 것이었다. 이스라엘은 400여 년의 전쟁으로 국토가 황폐화되었고, 로마에게 바치는 세금도 큰 부담이었다. 그들에게 가장 필요한 것은 바로 떡이었다. 이 문제만 해결해주면 누구든 메시아로 인정받을 수 있는 상황이었다. 사탄은 예수님에게 십자가 대신 먹는 문제를 해결해줌으로써 메시아가 되라고 미혹한 것이다.

예수님은 오병이어와 칠병이어의 이적을 일으키셨다(마 14:13-21; 15:32-39). 이 일로 사람들은 예수님을 왕으로 모시고 싶어 했다(요 6:14-15). 예수님만 있으면 먹고사는 문제가 해결될 것이라고 생각했다. 예수님은 먹는 문제를 해결할 수 있었지만 그렇게 하지 않으셨다. 먹는 문제를 해결함으로써 구원의 문제를 해결할 수 없기 때문이다.

하나님이 광야 생활 40년 동안 이스라엘 백성의 먹는 문제를 책임져주셨음에도 불구하고 불평불만이 끊이지 않았던 것을 우리는 안다. 사탄은 먹고사는 문제의 두려움으로 사람들을 조종하고 공급하시는 하나님을 불신하게 만든다. 이와 같은 사탄의 시험을 향해 예수님은 사람이 떡으로만 사는 것이 아님을 선포하신다.

예수님의 십자가는 두려움을 부추기는 사탄의 미혹을 끊고 공급자되시는 하나님을 믿음으로써 참된 자유와 풍성함을 누리게 한다. 예수님의 십자가는 공중의 새를 먹이고 들의 백합화를 입히는 하나님이 우리의 삶을 책임져주실 것을 신뢰하게 한다(마 6:25-34). 예수님의 십자가는 구하고 찾고 두드리는 자에게 가장 좋은 것을 주시는 하나님 아버지와의 관계를 회복시킨다(7:7-12).

하나님의 아들이어든 뛰어내리라

사탄의 두 번째 시험은 성전 꼭대기에서 뛰어내려 하나님의 아들임을 입증하라는 것이었다(마 4:5-6). 사탄은 "그가 너를 위하여 그의 천사들을 명령하사 네 모든 길에서 너를 지키게 하심이라 그들이 그들의 손으로 너를 붙들어 발이 돌에 부딪히지 아니하게 하리로다"라는 시편 91장 11-12절을 인용하면서 미혹했다.

성전에는 언제나 사람들이 몰렸다. 절기라도 있는 기간에는 수만 명의 사람이 모여들었다. 이 많은 사람 앞에서 하나님의 아들임을 입증하라는 것이다. 즉, 사탄은 고통스러운 십자가의 길이 아닌 놀라운 이적을 통해 메시아임을 증명해 보이라고 예수님을 미혹했다. 예수님은 "주 너의 하나님을 시험하지 말라"는 말씀으로 거절하셨다(마 4:7). 예수님은 할 수 있지만 하지 않으셨다. 그분이 이 땅에 오신 목적은 오직 십자가였기 때문이다.

예수님은 공생애 동안 수많은 이적을 일으키셨다. 병든 자를 고치고 눈먼 자를 보게 하고 걷지 못하는 자를 일으키셨다. 이로 인해 수많은 무리가 치유를 기대하며 "다윗의 자손이여, 불쌍히 여기소서!"라고 외쳤다. 하지만 자신들의 기대가 채워지지 않자 그 호소는 "십자가에 못 박으라!"는 저주로 바뀌어버렸다.

사탄은 만족을 모르는 우리의 욕심을 잘 안다. 인생에는 가시덤불과 엉겅퀴가 끊임없이 나타나기 때문에 누구도 미래에 대한 두려움에서 자유로울 수 없다. 사탄은 이러한 연약함을 교묘히 이용한다. 불평과 불만, 시기와 질투, 두려움을 자극하여 아버지 하나님을 우상처럼 조종하게 만든다. 하나님이 자신이 원하는대로 움직여주지 않으면 그분을 원망하고 관계를 끊어버리게 한다.

사탄은 또한 십자가가 무능력해 보이도록 속인다(고전 1:18). 예수님의 십자가는 모든 문제를 해결해주지 않지만 모든 문제를 이길 수 있는 능력이 된다(빌 4:13). 십자가의 대속 사역으로 우리는 성령 하나님이 친히 임재하시는 성전이 되었다(고전 3:16). 십자가는 우리가 하나님을 알고 그분과 친밀한 관계를 누리도록 길을 만들어주었다. 이것은 성도가 모든 상황을 이겨내는 생명력 넘치는 강함과 용맹의 원천이다(요 17:3; 단 11:32).

내게 엎드려 경배하라

사탄의 세 번째 시험은 자신에게 경배하면 천하 만국과 그 영광을 주겠다는 것이었다(마 4:8-9). 이에 대해 예수님은 "사탄아 물러가라 기록되었으되 주 너의 하나님께 경배하고 다만 그를 섬기라"(10절; 신 6:13 참고)는 말씀으로 대적하신다.

당시 천하 만국은 로마 제국을 의미하며 로마의 황제는 신적 존재였다. 예수님이 로마의 황제가 된다는 것은 십자가를 질 필요 없이 신적 존재, 즉 메시아가 된다는 뜻이다. 말 한마디만 하면 로마 제국의 모든 백성은 예수님을 메시아로 믿게 되는 것이다.

만약 예수님이 로마의 황제로 태어났다면 십자가를 지실 필요가 없었을 것이다. 반대로 로마를 물리치고 개선장군처럼 예루살렘에 입성했다면 유대인들은 환호하며 예수님을 메시아로 인정했을 것이다. 하지만 예수님은 그렇게 하지 않으셨다.

사탄은 사회적으로 성공하면 하나님께 영광이 된다고 미혹한다. 높은 위치에 오르면 더 많은 사람에게 영향력을 미칠 수 있다고 속인다. 예수님은 이런 방법을 거절하고 미련해 보이는 십자가를 택하셨다(고전 1:23-24). 십자가만이 세상을 구원하는 하나님의 능력과 지혜이기 때문이다(골 2:15).

십자가, 예수님의 승리

예수님은 사탄의 시험을 이기셨다. 사탄의 미혹에 빠지지 않고 십자가를 선택하셨다. 십자가는 예수님이 이 땅에 오신 목적이었다. 가장 처참한 저주의 상징인 십자가를 선택하신 것은 인류를 살리기 위함이었다. 예수님은 사람의 방법이 아닌 하나님의 방법을 선택하셨다.

예수님의 죽음은 발꿈치의 상함이었다(창 3:15). 사탄은 가룟 유다를 미혹하여 예수님을 은 삼십에 팔게 했고, 바리새인과 종교 지도자들을 미혹하여 예수님을 로마 법정에 세우게 했고, 본디오 빌라도를 민란의 두려움으로 미혹하여 예수님의 죽음을 허락하게 했다.

십자가는 예수님이 승리하신 현장이다. 첫 번째 아담이 에덴동산에서 사탄의 미혹에 빠짐으로써 인류 안에 사망이 들어왔다면, 두 번째 아담인 예수님은 십자가를 통해 인류 안에 생명이 들어오게 하셨다(롬 5:14-17). 예수님을 영접하는 자들은 이 생명을 소유한 자가 되는 것이다(요일 3:9; 5:11-12).

예수님의 승리로 우리는 하나님의 자녀가 되었다. 하나님의 자녀는 하나님의 통치를 받는 하나님 나라를 누리게 된다. 하나님 나라는 '이미와 아직' 사이에 있다. 예수님이 이루신 십자가의 승리로 이미 선포되었지만 아직 완성되지 않았다. 이는 여전히 하나님 나라를 침노하는 사탄의 세력이 있다는 뜻이다.

교회를 시험하는 사탄

예수님의 승천 이후 사탄은 예수님을 낳은 교회와 성도를 공격하고 있다(계 12:7-17). 사탄의 공격은 예수님을 부인하게 하는 육체적 핍박, 하나님과의 관계를 끊게 하는 참소, 물질주의와 인본주의 같은 왜곡된 진리, 이단과 사이비를 비롯한 거짓 선지자들, 죄 짓게 하는 유혹, 귀신에 의해 장악되는 귀신들림 등 다양하다.[93]

육체적 핍박

예수님의 승천 이후 예루살렘에 최초의 교회가 만들어졌다. 동시에 예수님의 증거를 가진 자들을 향한 사탄의 공격도 시작되었다. 초대 교회의 교부 터툴리안(Tertullian, 약 155-240)이 "순교자들의 피는 교회의 씨앗이다"라고 말한 것처럼, 사탄은 교회가 처음 세워질 때, 어느 나라나 예외 없이, 육체적 핍박으로 공격했다.

예루살렘 교회의 시작과 동시에 교회를 향한 핍박도 시작되었다. 최초의 순교자는 스데반 집사였다(행 7:54-60). 그후 기독교에 대한 대대적인 박해가 자행되었고, 예루살렘 교회 성도는 사방으로 흩어졌다(8:1-4). 유대 종교 지도자들은 사울에게 다메섹에 있는 기독교인을 결박하여 예루살렘으로 잡아올 수 있는 권한을 주었다(9:1-2). 이러한 흐름 속에서 사도들 중 야고보가 칼을 맞아 처음으로 순교한다(12:2).

기원 후 70년에 로마 장군 티투스(Titus, 39-81)에 의해 예루살렘이 멸망했고, 기독교인을 향한 핍박은 더욱 거세졌다. 그 중심

---

93 데이비드 왓슨, ≪제자도≫, 222-232

에는 로마 황제들이 있었다.[94] 기독교인이 로마의 핍박을 피해 생활한 지하 무덤(카타콤, Catacomb)은 역사의 유적으로 남아 있다. 로마 제국의 박해를 받던 성도는 죽음을 각오한 믿음으로 놀라운 영적 승리를 경험한다. 기원후 313년 콘스탄틴(Constantinus, 274-337) 대제가 반포한 밀라노 칙령으로 신앙의 자유를 보장받은 것이다.

중세 시대에는 로마 가톨릭 안에서 종교 재판의 이름으로 엄청난 박해가 자행되었다. 교회와 교황을 비판하는 사람들과 성경적인 신앙을 추구하는 사람들이 그 대상이었다. 죽음의 위협에도 성경적인 신앙을 포기하지 않은 중세 유럽의 성도에게 1517년 종교 개혁은 승리의 면류관 같았다.

종교 개혁 이후 위기감을 느낀 로마 가톨릭은 종교 개혁자와 개신교도를 억압하고 박해했다. 하지만 유럽의 개신 교회는 신앙을 포기하지 않고 로마 가톨릭과 30년 전쟁(1618-1648)을 치르며 신앙을 지켰다. 결국 1648년 베스트팔렌 조약(Peace of Westfalen)으로 신앙의 자유를 보장받게 되었다.

영국의 개신교도들을 향한 박해는 피의 메리(Bloody Mary)라 불리는 메리 여왕(Queen of Mary, 1516-1558)으로부터 시작되었다. 영

94 로마 시대의 10대 박해(괄호 안은 박해 연도): 네로(64), 도미티아누스(90-96), 트라야누스(98-117), 하드리아누스(117-138), 마르쿠스 아우렐리우스(161-180), 셉티미우스 세베루스(202-211), 막시미누스(235-236), 데키우스(249-251), 발레리아누스(257-260), 디오클레티아누스(303-311).

국의 청교도와 스코틀랜드의 장로교인들 역시 믿음을 포기하지 않았고, 청교도 혁명(1642-1660)을 거쳐 권리장전(Bill of Rights, 1689)을 통해 신앙의 자유를 보장받았다.

한국 교회 역시 박해와 순교의 과정을 이겨냈다. 조선을 합병한 일본은 독립 운동의 정신적 구심점이 되었던 교회를 박해했는데, 그 정점에 신사참배가 있다. 수많은 목회자와 성도가 일제의 고문에 고통당하고 총칼에 쓰러졌다. '종교는 인민의 아편'이라 여긴 공산주의는 '살아 있는 예루살렘'으로 불리던 평양과 북한 전역의 교회들을 무참히 짓밟았다. 그럼에도 한국 교회는 믿음을 포기하지 않았고, 그 결과 세계에서 유례를 찾아보기 힘든 부흥을 경험했다.

이러한 박해와 핍박은 기독교 역사뿐 아니라 오늘날 선교 현장과 개인의 삶 속에도 여전히 존재한다. 크고 작은 어려움 속에서 우리는 서머나 교회에게 하신 주님의 말씀을 기억해야 한다. 요한계시록에 나오는 서머나 교회는 역사 속에 언제나 존재하는 핍박받는 교회를 의미한다.[95]

"너는 장차 받을 고난을 두려워하지 말라 볼지어다 마귀가 장차 너희 가운

---

95 크레이그 키너, ≪NIV 적용 주석: 요한계시록≫*(The NIV Application Commentary: Revelation)*, 배용덕 역(솔로몬, 2011), 152.

데에서 몇 사람을 옥에 던져 시험을 받게 하리니 너희가 십 일 동안 환난을 받으리라 네가 죽도록 충성하라 그리하면 내가 생명의 관을 네게 주리라"

계 2:10

첫째, 박해의 배후에는 '마귀'가 있다. 우리의 싸움은 혈과 육에 대한 것이 아니다. 박해하는 사람들은 사탄이 사용하는 도구일 뿐이다. 그래서 우리는 원수도 사랑할 수 있으며, 선으로 악을 이길 수 있는 것이다(롬 12:19-21).

둘째, 박해가 모두에게 해당되는 것은 아니다. 성경이 '몇 사람'이라고 표현하듯, 순교와 핍박은 아무에게나 허락되지 않는다. 하나님은 감당할 수 있는 믿음의 사람들에게만 그 고난을 허락하신다. 그럼에도 불구하고 사탄은 핍박을 통해 두려움을 자극하여 많은 사람이 복음에서 떠나게 한다.

셋째, 박해는 영원하지 않다. 주님은 '십 일 동안'이라는 충만의 숫자를 사용하여 기한이 정해져 있음을 알려주신다. 기독교 역사를 통해서 알 수 있듯이 박해는 반드시 끝난다. 희망을 앗아감으로써 믿음을 포기하게 하는 것은 사탄의 속임수일 뿐이다

넷째, 믿음을 지키는 자들에게는 생명의 면류관이 약속되어 있다. 성도 중에도 가족의 핍박 때문에 신앙생활을 포기하는 경우가 종종 있다. 육체적 핍박은 매우 고통스럽지만 가장 분별하기 쉬운 일차적인 공격이기도 하다. 시련의 끝에는 약속된 면류관이

있음을 믿고 끝까지 포기하지 말라. 박해를 통해 사탄이 얻고 싶은 것은 생명의 면류관을 보지 못하게 하는 것이다.

참소

사탄은 "참소하던 자"이다(계 12:10). '참소하다'는 '비난하다, 고소하다'는 뜻으로, 이는 법정에서 죄를 고발하는 검사의 역할과 비슷하다. 사탄은 우리가 죄를 짓도록 직접 조종하지는 못한다. 단지 죄를 지을 만한 상황을 만들고 우리가 그 덫에 걸려 넘어지면 심판자 하나님께 고소한다. 하지만 우리는 이미 예수 그리스도의 보혈로 대속받았다. 따라서 성도를 향한 사탄의 참소에는 능력이 없다.

그럼에도 불구하고 사탄의 참소는 다각적으로 이루어진다. 개인에게는 끊임없이 죄책감을 자극하여 하나님에게서 멀어지게 한다. 교회에게는 성도 간에 생길 수 있는 단순한 실수와 오해를 공격하여 분열을 조장한다. 사회적으로는 교회의 허물을 과장하거나 왜곡시켜 부정적 이미지를 만들어낸다.[96]

오늘날 한국 교회의 이미지는 처참하다. 기독교를 대놓고 '개독교'라고 비난하는 시대이다. 그리스도인마저 교회와 목회자를 신뢰하지 못한다. 이러한 비난과 불신에서 벗어나기 위해서는 교회가 더욱 거룩해져야 한다. 더불어 교회를 향한 비난의 이면에서

---

96 데이비드 왓슨, ≪제자도≫, 225.

활동하는 사탄의 역사를 간과해서는 안 된다. 사탄은 교회의 부정적인 부분을 참소하여 교회 전체를 조종하려 하기 때문이다.

다른 복음

성경은 사탄이 "거짓말쟁이요 거짓의 아비"라고 말한다(요 8:44). 사탄은 속이는 자이다. 그렇다고 해서 허무맹랑하게 속이지는 않는다. 하나님의 말씀을 살짝 바꿔서 성도가 분별하지 못하게 한다. 에덴동산에서도 사탄은 교묘한 거짓말로 하와를 유혹했다(창 3:5).

기독교의 믿음은 성경에서 시작된다(롬 10:17). 이것을 아는 사탄은 성경을 끊임없이 공격했다. 초대 교회의 이단들은 가짜 성경인 위경(가경, Pseudographia)을 만들어 거짓 복음을 퍼뜨렸다. 중세 시대에는 라틴어 성경만을 인정하고 일반 성도에게는 성경을 금했다. 그 결과 중세 교회의 신앙은 우상 숭배적인 종교 생활로 전락해버렸다.

17-18세기 계몽주의 이후 성경을 하나의 문서로 평가하는 문서 비평이 들어와 성경의 권위를 심각하게 훼손했다. 구전으로 전해지는 설화와 신화들의 기록으로 성경을 치부하기도 했다. 성경은 하나님의 감동으로 기록된 것이 아닌 여러 사람의 손을 거쳐 편집된 것이라는 주장이었다. 그 결과 유럽 교회에는 심각한 영적 기근 현상이 일어났다.

19세기 이후 성경의 권위가 훼손된 교회에서는 은사주의 운동이 출현했다. 이들은 성경에 기록된 말씀보다 은사와 체험을 우선시했다. 이로 인해 참된 믿음은 성경이 필요없는 신비주의 신앙으로 변질되었다.

현대 교회 안에도 말씀에 대한 사탄의 공격은 계속된다.[97] 성경의 권위를 파괴하고, 성경대로 사는 것은 무가치하며 손해보는 삶이라고 속인다. 기독교적 문화와 성경적 용어들을 사용하여 복음처럼 보이는 다른 복음으로 교회를 미혹하기도 한다.

그 외에도 사탄은 종교 다원주의(religious pluralism)를 통해 구원의 유일한 방편인 예수님을 부정하고(행 4:11-12), 뉴에이지(new age) 운동을 통해 사람도 신이 될 수 있다고 주장하며(창 3:5), 포스트모더니즘(post-modernism)을 통해 절대적 가치를 무너뜨리고 성경의 진리를 상대화하려 한다(딤후 3:16).

거짓 선지자

거짓의 아비 사탄은 기독교의 색깔과 모양을 가진 거짓 선지자들을 통해 교회를 미혹한다. 예수님은 마지막 때에 거짓 선지자가 많이 일어나 사람을 미혹할 것이라고 말씀하셨다(마 24:11). 따라서 교회는 영을 무조건 믿지 말고 하나님께 속하였는지 분별해야 한다(요일 4:1). 거짓 선지자는 다음과 같은 모습으로 다가온다.

---

97 Jerry Rankin & Ed Stetzer, *Spiritual Warfare and Mission*, 182-183.

1. 성경을 공격한다

기독교 신앙은 성경을 중심에 둔다(롬 10:17). 성경은 하나님의 특별 계시다. 성경의 권위가 무너지면 기독교 신앙 전체가 무너진다는 것을 사탄은 잘 안다.[98] 거짓 선지자들은 성경을 자의적으로 해석하거나 성경의 권위 자체를 훼손한다. 그들에게 성경은 인용구나 참고서에 불과하다. 심지어 자신들만의 새로운 경전을 가지고 있거나 특정 번역본을 유일한 성경으로 믿기도 한다. 대표적인 이단으로는 몰몬교(몰몬경), 통일교(원리강론), 킹제임스성경(King James Version) 유일주의 등이 있다.[99]

2. 삼위 하나님을 부정한다

성경에서 제일 먼저 소개하는 하나님은 창조주이다(창 1:1). 초대교회의 영지주의(Gnostic)와 말시온(Marcion)은 창조주와 물질 세계를 구분하며 하나님의 물질적 우주 창조를 부인했다.[100] 유일한 하나님은 삼위일체로 존재하신다(요 1:1-3; 14:26). 하지만 여호와의 증인 같은 이단은 삼위일체를 부정한다.

---

98 제시 펜 루이스, ≪영을 분별하는 그리스도인≫*(Secrets of spiritual warfare)*, 장택수 역(예수전도단, 2012), 25-26.

99 서춘웅, ≪교회와 이단≫(크리스챤서적, 2010), 24-25.

100 해롤드 브라운, ≪교회사 안에 나타난 이단과 정통≫*(Heresy and Orthodoxy in the History of the Church)*, 라은성 역(그리심, 2002), 138-139.

거짓 선지자들이 가장 많이 공격하는 부분이 예수 그리스도에 관한 것이다. 예수님은 하나님의 본체이자(빌 2:6) 동시에 완전한 사람이다(히 4:15). 초대 교회는 인간 예수를 경험했기 때문에 예수님의 신성이 주로 공격을 당했다. 대표적 인물이 아리우스(Arius, 256-336)이다. 예수님을 하나님의 피조물로 보는 이단도 있고, 인간 예수가 하나님의 아들이 되었다는 양자론(養子論, adoptionism)을 주장하는 이단도 있다. 새로운 재림주를 부르짖는 이단들은 예수님의 십자가 사역이 실패했다고 주장한다.

성령은 제3위의 인격인 하나님이다(엡 4:30; 행 5:3; 7:51, 21:11 참고). 이단들은 성령의 인격을 부인한다. 여호와의 증인은 '하나님의 보이지 않는 활동적인 힘'이라고 주장하고, 크리스천 사이언스는 '신적 과학'이라고 본다.[101] 성령을 은사와 이적을 위한 도구로 전락시키거나 직통 계시 같은 신비주의로 사람들을 미혹하는 이단도 있다.

3. 구원관을 왜곡한다

성경은 예수 외에는 구원받을 만한 다른 이름이 없음을 강조한다(행 4:11-12). 구원은 우리의 어떠한 행위나 공로가 아닌, 철저히 하나님의 은혜로 이루어진다. 마음으로 믿고 입으로 시인하여 선물

101 서춘웅, ≪교회와 이단≫, 83-84.

로 받는 것이 구원이다(엡 2:8-9; 롬 10:10). 거짓 선지자들은 이 절대적 구원 교리를 공격한다.

기원후 417년, 인간의 노력으로 구원받는다는 펠라기우스(Pelagius, 354-418)의 주장이 이단으로 정죄되었다. 그후에도 구원관을 왜곡하는 거짓 선지자들은 계속 등장한다. 죄 사함의 깨달음이나 거듭남에 대한 확신으로 구원을 얻는다는 이단, 특정 인물을 믿어야 구원을 얻는다는 이단, 예수를 믿음과 동시에 특정한 교리를 추가적으로 믿어야 한다는 이단 등이 여전히 성도를 속이고 있다.

4. 잘못된 종말론을 주장한다

성경은, 예수님이 재림하시는 때는 하나님께 속하여 아무도 알 수 없다고 분명히 가르친다(행 1:6-7). 거짓 선지자들의 미혹 중 두드러진 것이 잘못된 종말론으로, 시한부 종말론과 조건부 종말론이 있다. 시한부 종말론은 특정한 때를 정하여 미혹하고, 조건부 종말론은 자신들의 성도가 144,000명에 이르면 종말이 온다고 주장한다.[102] 종말론과 관련하여 어떤 거짓 선지자들은 지상 천국을 이야기하거나 지옥을 부정하기도 한다.

---

102 탁지일, ≪교회와 이단≫(두란노서원, 2016), 46-47.

5. 성경에서 벗어난 교회론을 가르친다

교회는 예수 그리스도를 주로 고백하는 자들의 무리며(마 16:16), 지역 교회(local church)와 우주적 교회(universal church)로 구분된다. 지역 교회는 특정 시대에 특정 지역을 섬기도록 부름받았다. 더불어 역사 속 모든 교회는 그리스도의 몸된 한 교회다(고전 12:12).

이단들은 특정 교회에만 구원이 있다고 주장함과 동시에 주 안에서 모든 교회가 한몸이라는 공교회성을 부정한다. 교회론과 관련된 이단들의 공통점은 역사 속에서 하나님이 교회를 보존하셨음을 부정하고, 자신만이 초대 교회의 정통을 잇는 유일한 교회라고 주장한다는 것이다.

성도를 시험하는 사탄

교회를 공격하는 사탄은 동시에 성도 개인을 더욱 은밀하고 교묘하게 공격한다. 사탄은 우는 사자와 같이 두루 다니며 삼킬 자를 찾는다(벧전 5:8). 그리스도인은 사탄의 공격에 넘어지는 자가 아닌 대적하여 승리하는 자가 되어야 한다(약 4:7).

육체의 정욕

사탄이 사용하는 죄의 유혹 중 가장 강력한 것은 단연 성적인 유혹이다(벧후 2:18). 성은 하나님이 주신 귀한 선물이며 부부의 온전한 연합을 보여주는 최고의 사랑 행위이다. 하나님은 성의 즐거움을 선물로 주실 때 부부의 관계를 벗어나지 않도록 지도해주셨다(창 2:24-25; 출 20:14). 사탄 역시 성에 담겨 있는 강력한 쾌락을 안다. 따라서 가장 성공률이 높은 유혹의 방편이 성이라는 것도 잘 알고 있다.[103]

성도는 자신의 죄성과 연약함을 인정해야 한다. 이것이 시작이다. 육체의 정욕은 자연스러운 현상이지만 제어되어야 한다(벧전 2:11). 정욕이 죄로 발전하면 하나님과의 관계에 문제가 생기고 큰 수치를 당할 수 있다. 나아가 가정 파괴, 질병, 법적 처벌 같은 대가를 지불해야 할 수도 있다(잠 6:32-35).

오늘날 사탄은 미디어, 인터넷, 스마트 기기 등 다양한 방편으로 성도의 성적 욕구를 자극하고 있다. 또한 가치관을 파괴하여 혼전 성관계, 프리섹스(free-sex), 부부 관계를 벗어난 간음을 조장하기도 한다. 말세에 나타나는 현상 중 하나가 '쾌락을 사랑하기를 하나님 사랑하는 것보다 더하는 것'이다(딤후 3:1-4). 예수님 재림의 때가 가까울수록 성적 쾌락의 유혹은 더욱 강력해질 것이다.

육체의 정욕을 극복하기 위해서는 어떻게 해야 할까? 무엇보다 결혼이 가장 좋은 방편이다(고전 7:9). 둘째, 사탄으로부터 오는

---

103 "인간이 오르락내리락하는 가운데 골짜기를 지나가는 시기에는 감각적 유혹, 특히나 성적 유혹이 매번 잘 먹혀든다." C. S. 루이스, ≪스크루테이프의 편지≫, 57.

유혹의 통로를 차단해야 한다. 셋째, 충만한 사랑이 필요하다. 배우자와 자녀들에게 충만한 사랑을 줄 때 성적 유혹을 능히 이길 수 있다.[104]

돈을 사랑함

성경은 돈을 사랑하는 것이 일만 악의 뿌리라고 가르친다(딤전 6:10). 돈을 사랑한다는 것은 돈이 가지고 있는 능력을 사랑한다는 것이다. 광야 같은 세상에는 불확실한 미래와 실패 혹은 상실에 대한 두려움이 가득하다. 물질주의 세상에서, 사람들은 두려움을 해결하기 위해 더 많이 소유하고 싶어 한다. 인류는 물질의 교환 수단으로 돈(mammon)을 만들었고, 돈은 물질주의의 집약체가 되었다.

하나님과 단절된 인류는 물질 혹은 재물을 통해 안정과 만족을 얻는다. 이는 매우 본능적인 것이다. 사탄은 두려움을 자극하여 돈을 사랑하게 만든다.[105] 이러한 현상은 마지막 때가 될수록 더욱 강력하게 나타난다(딤후 3:1-2). 돈을 사랑한다는 것은 모든 선택과 판단의 기준을 경제적 이익에 둔다는 뜻이다. 그런 사람은 어

---

104 "사랑은 정욕을 이기는 위대한 정복자입니다." C. S. 루이스, ≪순전한 기독교≫*(Mere Christianity)*, 장경철&이종태 역(홍성사, 2001), 173.

105 "돈과 재정적인 문제에 대해서 성경적인 청지기의 삶보다 세상적인 생각을 받아들이게 하는 것이야말로 이런 점에서 사탄의 가장 뛰어나고 성공적인 책략이다." 제리 랜킨, ≪영적 전쟁 이렇게 승리하라≫, 111.

떤 경우에도 손해보는 선택은 절대 하지 않을 것이다.

물질 만능주의 시대에서 물질로부터 자유롭기란 쉽지 않다. 돈을 사랑하는 것과 상관없이, 경제적 빈곤에서 벗어나는 것조차 어려운 시대다.[106] 부의 양극화는 단순히 나 혼자만 잘하는 것의 문제가 아니기 때문에 통치자와 권세들을 위해 기도해야 한다. 더불어 이들 뒤에서 교묘히 돈을 사랑하게 만드는 사탄의 존재를 인식할 필요가 있다(엡 6:12).

물질에 대한 성경적 자세는 사탄의 유혹을 능히 이길 수 있게 한다. 먼저, 물질의 주인은 하나님이고 우리는 물질을 맡은 청지기임을 기억해야 한다(마 25:14-15).[107] 둘째, 성도는 주어진 것에 감사하며 자족하기를 배워야 한다(딤전 6:6). 물질주의에 빠지면 만족을 모르는 괴물로 전락하고 만다. 우리는 이미 충분히 많은 것을 가졌다. 불만족을 자극하는 것은 사탄의 속임수이다.

셋째, 재정을 잘 관리할 수 있는 능력을 키워야 한다.[108] 재정과 관련된 문제들의 상당수가 재정이 부족해서 일어나는 것이 아니라 재정 관리를 제대로 못한 까닭에 있다. 넷째, 재물의 종 노릇

---

106 박득훈, ≪돈에서 해방된 교회: 교묘한 맘몬 숭배에서 벗어나는 길≫(포이에마, 2014), 65.

107 Kenneth S. Hemphill, *Making change: a transformational guide to Christian money management*(Nashville: Broadman & Holman Publishers, 2006), 5.

108 "그리스도인이 돈을 어떻게 대하는가는 그가 얼마나 하나님의 은혜를 이해하고 있는가를 보여주는 척도다." 크래그 힐&얼 피츠, ≪그리스도인의 재정 원칙≫*(Wealth, Riches & Money)*, 허령 역(예수전도단, 2004), 65.

에서 벗어나기 위해서는 능동적인 나눔을 실천해야 한다(히 13:16). 물질주의는 모으고 쌓는 것에 집중하는 지극히 이기적인 자아를 만든다.[109] 하나님 나라는 그 원리와 차원이 다르다. 그분의 나라는 나누고 섬길 때 더욱 풍성해진다.

자기애

아담과 하와를 넘어지게 한 유혹의 종착점은 '하나님과 같이 되는 것'이었다(창 3:5). 하나님이 인간을 창조하신 목적은 그분을 찬송케 하기 위함이다(사 43:21). 사탄은 인간의 관심을 하나님이 아닌 자기자신에게 맞추도록 유혹한다.[110] 말세에 나타나는 가장 두드러진 현상이 자기를 사랑하는 것이다(딤후 3:1-2).

현대인의 목표는 자기자신이다. 사람들은 스스로 하나님이 되어 선과 악을 판단하며 자기의 옳은 소견에 따라 행복을 추구하며 살아간다. 안타깝게도 모든 사람이 자기자신을 위해 살아가기 때문에 모두가 불행해지는 결과를 낳았다. 자기애(self-love)의 결국은 멸망이다.

109 "물질 그 자체가 나쁜 것은 아닙니다. 다만 나 개인만을 위하여 살고 다른 사람에게 관심이 없다면 그때는 개인주의자가 됩니다. 성경에는 개인주의라는 말이 나오지 않지만 대신 '육체'라는 말은 많이 나옵니다. '육체'라는 말을 현대어로 바꾸면 '개인주의'입니다. 혹은 '이기주의'라고도 합니다." 대천덕, ≪나와 하나님≫(홍성사, 2004), 108.

110 제리 랜킨, ≪영적 전쟁 이렇게 승리하라≫, 220.

사탄은 자기애를 자극한다.[111] "네 이웃을 네 자신과 같이 사랑하라"(마 19:19)는 말씀을 인용하면서, 이웃을 사랑하기 위해서는 먼저 자기자신을 사랑하는 것에 집중해야 한다고 속인다. 하지만 오히려 성경은 예수님의 제자가 되기 위해서는 자기를 부인하고 십자가를 지라고 말한다(16:24).

자기 부인은 자기 학대가 아니다. 자신이 죄인임을 인정하고 성령 안에서 예수님을 닮아가는 삶이다. 이것이 우리를 살린다. 지금까지는 우리가 스스로 하나님이 되어 자신의 판단에 따라 살았다면, 이제는 자신이 틀렸음을 인정하고 하나님의 방법을 따라야 한다.[112]

욕심

사탄의 미혹에 빠지는 중요한 이유 중 하나가 욕심이다(약 1:14). 욕심은 죄를 낳고 죄는 사망을 낳는다(15절). 욕심은 모든 죄의 근원이다. 사탄은 허락되지 않은 것에 대한 욕심과 허락된 것 이상을 얻고자 하는 탐욕을 이용한다.

욕심은 정욕과 함께 십자가에 못 박아야 할 대상이다(갈 5:24).

---

111 "내가 보기에 인간의 악에 있어서 가장 본질적인 심리적인 문제는 바로 여러가지 특정한 형태로 나타나는 나르시시즘이다." M. 스캇 펙, ≪거짓의 사람들≫, 93.

112 스탠리 존스, ≪순례자의 노래≫*(Song of ascents: a spiritual autobiography)*, 김순현 역 (복있는사람, 2007), 598.

욕심은 소유물을 주시는 하나님보다 소유물에 우선순위를 둔다는 의미에서 우상 숭배와 연관된다(골 3:5). 사람들은 더 많이 얻고자 하는 마음에 거짓말을 지어내고 속이고 죽이기도 한다.

사탄은 성도의 욕심을 끊임없이 자극한다. 욕심은 인간관계 안에서 일어나는 거의 모든 갈등의 원인이 된다. 뿐만 아니라 우상이 되어 사고와 목표와 행동을 지배한다.[113] 결국 이 세상은 욕심으로 인해 점점 더 고통스러워질 것이다(벧후 2:3).

욕심을 제어하기 위해서는 우선 하나님이 주신 것에 만족하고 감사해야 한다(빌 4:11). 또한 부족하고 불편한 부분은 스스로 노력하여 개선할 수 있어야 한다(잠 12:11; 13:23; 28:19). 나의 힘이 닿지 않는 부분도 분명히 있다. 그것에 대해서는 하나님의 주권을 인정하고 의탁하는 법을 배워야 한다(욥 1:21; 단 3:18).

쾌락

우리는 재미와 쾌락을 좇는 시대를 살고 있다. 말세에는 사람들이 쾌락 사랑하기를 하나님 사랑하는 것보다 더하게 된다(딤후 3:1-4). 사탄은 모든 것을 재미와 쾌락을 기준으로 판단하도록 미혹한다. 그 결과 현대인은 재미없고 지루한 것을 무가치하게 취급하는 경향이 있다. 또한 힘들고 어렵게 얻는 참된 기쁨보다 쉽게 얻는 가

113 Ken Sande, *The peacemaker: a biblical guide to resolving personal conflict*(Grand Rapids: Baker Book House, 2004), 172.

벼운 쾌락을 추구하기도 한다

하나님은 성도가 기뻐하길 원하신다. 성경은 항상 기뻐하라고 말한다. 심지어 고난까지도 즐거워하라고 한다(벧전 4:13). 하지만 사탄의 미혹에 빠진 사람은 그 어떤 재미와 쾌락에도 만족할 수 없다. 하나님이 원하시는 기쁨이 아니기 때문이다.[114]

에덴은 '기쁨, 즐거움'이라는 뜻이다. 에덴에서 쫓겨난 인류는 기쁨을 잃어버렸다. 참된 기쁨을 잃어버린 인류는 그 빈자리를 메우기 위해 더 큰 쾌락과 재미를 추구해왔다. 그러나 이 세상의 기쁨은 소금물 같아서 마시면 마실수록 더 목마르게 할 뿐이다.[115] 참된 기쁨은 오직 주 안에서 가능하다(빌 3:1). 주 안에서 기뻐한다는 것은 주님이 기뻐하신 것들로 기뻐하는 것이다.

사탄은 불편하고 부족한 것에 집중하게 하여 우리에게서 기쁨을 빼앗는다. 결국 하나님을 떠나 쾌락을 좇게 하려는 계획이다. 성경은 170회 이상 직간접적으로 '기뻐하고 즐거워하라'고 명령한다. 우리가 참된 기쁨을 누리는 것이 결코 쉽지 않기 때문이다.[116] 따라서 참된 기쁨을 누리기 위해서는 반드시 훈련이 필요하다.[117]

---

114 김창현, ≪7일간의 기쁨 회복≫(이레서원, 2015), 18.

115 "쾌락은 감소시키고 그에 대한 갈망은 증대시키는 게 우리가 쓰는 방식이야." C. S. 루이스, ≪스크루테이프의 편지≫, 59.

116 김창현, ≪7일간의 기쁨 회복≫, 17.

117 "기뻐하는 것은 배워야 하는 기술이다. 당신의 기쁨은 당신의 책임이다." 존 오트버그, ≪평범 이상의 삶≫*(the Life You've Always Wanted)*, 김주성&윤관희 역(사랑플러스, 2005), 101.

죄책감

사탄은 성도의 죄책감을 자극한다. 죄책감을 이용하여 하나님과의 관계에서 멀어지게 하려는 속셈이다.[118] 우리는 십자가의 공로로 모든 죄를 용서받은 자들이다(롬 5:16-18). 십자가에 달려 돌아가신 예수님을 영접함으로써 하나님의 자녀가 되었다(요 1:12). 이 관계는 그 어떤 것도 끊을 수 없다(롬 8:38-39).

사실 죄책감은 반드시 필요한 감정이다. 죄책감은 하나님에 대한 두려움으로 악을 행하지 않게 하는 안전 장치가 된다. 또한 자신의 죄에 대해 고통스러워하고 스스로 죄인임을 인정하여 하나님의 은혜를 구하게 하는 통로가 된다.[119] 그러나 지나친 죄책감은 사탄이 주는 것임을 기억하고 대적해야 한다.

- 죄책감이 들 때는 회개 기도를 하라

  "만일 우리가 우리 죄를 자백하면 그는 미쁘시고 의로우사 우리 죄를 사하시며 우리를 모든 불의에서 깨끗하게 하실 것이요" 요일 1:9

- 반복적으로 죄책감이 들 때는 성경 말씀으로 대적하라

  "그러므로 이제 그리스도 예수 안에 있는 자에게는 결코 정죄함이 없나니

---

118 클린턴 아놀드, ≪영적 전쟁의 정석≫, 151.

119 M. 스캇 펙, ≪주와 함께 가는 여행≫*(Gifts for the Journey)*, 채천석 역(그루터기하우스, 2003), 81.

이는 그리스도 예수 안에 있는 생명의 성령의 법이 죄와 사망의 법에서 너를 해방하였음이라" 롬 8:1-2

의심

사탄은 성도에게 의심을 불어넣어 하나님과의 관계에서 멀어지게 한다.[120] 사탄이 주는 의심은 두 가지로 구분된다. 첫 번째는 믿음과 반대되는 개념의 의심이고, 두 번째는 두려움으로부터 기인한 의심이다.

사탄은 기독교의 기본 진리를 의심하게 한다. 계몽주의 이후 이성과 과학적 사고는 성경의 가치를 흔들어놓았다.[121] 하나님의 창조를 의심하게 하는 진화론, 신앙의 신비적 체험들을 의심하게 하는 정신분석학, 성경의 권위를 의심하게 하는 자유주의 등은 기독교를 진리로 받아들이는 것을 방해한다.

성도는 사탄이 심어놓는 의심을 경계해야 한다. 소위 열심이

120 "의심은 우리 승리의 기초를 무너뜨리기 때문에 사탄이 즐겨 사용하는 무기다. 하나님을 믿고 그 말씀을 현실로 신뢰하는 것은 사탄의 거짓말과 속임수에 대해 우리에게 방패로 주신 방어 무기다. 우리의 적은 매일 끊임없이 우리 마음에 의심의 화살을 던진다." 제리 랜킨, ≪영적 전쟁 이렇게 승리하라≫, 212.

121 "사랑에 근거한 믿음은 최고의 선이며 의심은 최초의 죄악이다. 그런데 계명주의는 이 두 용어의 역할을 바꾸어놓았다. 의심은 지식의 제1원리로 각광받는 위치에 올라앉게 되었다. 기존의 모든 견해들에 의혹을 제기해보는 것이야말로 진리에 도달하기 위한 필수 조건이 되었다. 그러나 교리는 부정적인 용어로 전락하였고, 인간 이성의 자유로운 활동에 족쇄를 채우는 것으로 생각하였다. 이와 같은 상황은 오늘날까지도 바뀌지 않고 있다." 레슬리 뉴비긴, ≪기독교의 새로운 출발을 위하여≫, 이문장 역(대장간, 1994), 43.

있는 성도는 지적 욕구를 채우기 위해 인터넷에서 제공하는 각종 자료와 영상을 통해 검증되지 않은 정보를 얻곤 한다. 이러한 것들 중에는 건강한 믿음에 의심을 심어넣는 독버섯 같은 내용이 굉장히 많다. 기존의 신앙 체계를 흔들고 교회의 전통을 의심하게 하는 정보에 무분별하게 노출되면 결국 공동체에서 멀어져 사탄의 표적이 될 수 있다.

건강한 믿음은 성경을 통해서 만들어진다. 성경을 벗어난 신앙은 매우 위험하다. 때로 성경에서 이해되지 않는 부분이 있을 수 있다. 그럴 때 섣불리 의심하거나 조급해하지 말아야 한다. 하나님 안에 머물러 있다 보면 많은 부분이 때에 맞춰 해결된다. 영원히 풀리지 않는 부분은 천국에 가서 이해해도 괜찮다. 종교개혁자 칼빈(John Calvin, 1509-1564)은 모든 성경의 주석서를 저술했지만 그 당시에 명확히 이해되지 않았던 요한계시록 주석은 쓰지 않았다. 여기서 우리는 말씀과 신앙에 대한 그의 겸손을 볼 수 있다.

사탄은 하나님과의 관계를 의심하게 한다. 고난과 시련을 만날 때 우리는 본능적으로 하나님을 찾는다. 하지만 원하는대로 일이 풀리지 않으면 하나님의 사랑을 의심하기 시작한다.[122] 오랫동안 시련이 반복되어 감당하기 힘들어지면 급기야 하나님의 존재까지

122 "어려움을 겪을 때 사탄은 당신을 낙심하게 하고 버림받았다는 느낌이 들게 하고 의심을 불어넣어 하나님께 대한 확신과 믿음을 무너뜨리려고 한다." 제리 랜킨, ≪영적 전쟁 이렇게 승리하라≫, 271.

의심하게 된다.

사람과 사람 사이에도 시간과 사건들을 통해 신뢰가 쌓여가듯이, 시련과 고난의 과정을 통해 우리는 보이지 않는 하나님의 살아계심을 실제적으로 경험하게 된다. 우리의 믿음을 위해 이런 과정이 반드시 필요한데, 그 이유는 하나님은 인격이기 때문이다.[123]

믿음의 선배들 역시 하나님에 대한 절대적 '신뢰의 단계'에 이르기 전 '의심의 단계'에서 몸부림치며 하나님을 찾았다. 이 과정을 잘 통과하기 위해서는 말씀, 찬양, 기도, 예배 같은 기본적인 경건의 훈련들이 밑바탕 되어야 한다.

두려움

사탄의 강력한 무기 중 하나가 바로 두려움이다. 사탄은 두려움을 통해 성도가 하나님의 풍성한 세계를 맛보지 못하게 한다.[124] 이런 이유 때문에 성경은 끊임없이 우리에게 두려워하지 말라고 권고한다.

홍해 앞에 선 이스라엘 백성에게 모세는 두려워하지 말고 하나님이 하시는 일에 순종하라고 명했다(출 14:13-14). 이스라엘 백성이 두려움을 극복하지 못했다면 애초에 애굽을 나올 수 없었을

---

123 오스 기니스, ≪회의하는 용기≫, 15.

124 조이스 마이어, ≪마음 전쟁 끝내기≫*(Power Thoughts)*, 정성묵 역(두란노서원, 2011), 118.

것이고, 홍해의 기적도 경험하지 못했을 것이다.

하나님은 이스라엘 백성을 이끌고 가나안으로 들어가야 했던 여호수아에게 찾아와 두려워하지 말라고 권면하셨다(수 1:9). 여호수아가 두려움을 극복하지 못했다면 가나안의 젖과 꿀을 맛보지 못했을 것이다.

성경에서 두려움은 하나님에 대한 믿음의 반대말로 자주 등장한다. 두려움은 매우 자연스러운 감정으로, 자신을 보호하는 역할을 할 뿐만 아니라 하나님을 찾게 하는 통로가 되기도 한다.[125] 하지만 하나님과의 관계를 끊는 두려움은 반드시 극복해야 한다(딤후 1:7).[126]

두려움은 강력한 영적 싸움이다. 신앙생활에서 두려움의 문제를 해결하지 못하면 자유롭고 풍성한 삶을 누리기 어렵다. 두려움은 자신감을 떨어뜨리고, 대인관계에서 문제를 일으키며, 하나님에 대한 불신을 부추긴다. 현대인이 겪고 있는 정신질환의 대부분은 두려움(공포, phobia)에서 시작된다. 두려움에서 해방되지 못하면 결국 사탄의 종 노릇을 하게 된다.

---

125 "우리가 하나님께 돌아서도록 하기 위해서 하나님이 우리에게 두려움을 정해놓으신 것이다. … 하나님은 우리가 얼마나 불쌍한 존재인지를 알게 하시려고 우리의 마음속에 두려움을 심으신 것이다." 폴 투르니에, ≪강자와 약자≫, 111.

126 "두려움 없는 삶을 사는 방법을 배우지 못한다면, 예수를 따르는 일이 쉽다는 사실을 발견할 수 없을 것이다." 톰 라이트, ≪나를 따르라: 톰 라이트의 기독교 제자도≫*(Following Jesus: Biblical Reflections on Discipleship)*, 이혜진 역(살림, 2008), 133.

두려움을 극복하기 위한 첫 번째 방법은 자신의 약함을 인정하는 것이다.[127] 세상은 강한 자가 살아남는다는 약육강식의 가치관을 따른다. 거친 세상에서 우리의 약함과 무능력에만 집중하면 한없이 위축되고 두려워진다. 하나님은 우리를 부족하게 만드셨다. 그 이유는 강한 하나님을 의지하게 하기 위해서다. 자신의 약함을 인정할 때 오히려 더 강력한 힘을 발휘할 수 있다(고전 1:27). 이것이 하나님의 방법이다.

두 번째 방법은 두려움의 내용을 하나님께 정직하게 고백하고 간구하는 것이다(빌 4:6). 우리가 일상생활 속에서 염려하는 대부분의 문제는 스스로 해결할 수 없는 것들이다. 따라서 염려, 근심, 걱정을 주님께 맡기는 것이 답이다(벧전 5:7). 우리가 기도한다고 해서 모든 문제가 즉각적으로 해결되는 것은 아니다. 하지만 기도는 우리가 해결할 수 없는 수많은 문제 앞에서 '마음과 생각을 지켜주는 위대한 무기'가 된다(빌 4:7).

거짓말

거짓의 아비 사탄은 성도를 속여 하나님과의 관계를 단절시키고 하나님으로부터 오는 풍성함을 누리지 못하게 한다. 사탄의 능력은 거짓말에 있으며, 거짓말은 사탄이 사용하는 기본적인 무기

---

127 "두려움에서 해방되기 위해서는 자기의 결점을 고백하는 것이 반드시 필요하다." 폴 투르니에, ≪강자와 약자≫, 98.

다.[128] 이러한 사탄의 거짓말을 대적하는 강력한 무기는 말씀의 검이다.

사탄의 대표적인 거짓말은 하나님에 대한 것이다. 하나님은 우리가 그분의 뜻대로 사는지 그렇지 않은지 살피시는 감시자가 아니다. 하나님이 우리를 주목하시는 것은 맞다. 하지만 그 이유는 우리를 지키고 보존하시기 위함이다. 그분은 선한 목자이다(시 23:1). 죄를 찾아내서 심판하는 무서운 재판관이 아니다. 그분은 우리의 아버지다(롬 8:15). 때로 우리를 질책하거나 징계하실 때도 있지만 그조차 사랑하는 자녀를 위한 것이다.

사탄은 우리 자신에 대한 거짓말로 속이기도 한다. '넌 쓸모없어!', '모두 너를 싫어해!', '차라리 죽는 게 낫겠어!' 우리의 가치를 파괴하는 말은 모두 거짓이다. 우리는 하나님의 피조물이지만(시 139:14), 동시에 철저히 타락한 존재이다(롬 3:23). 수없이 쓰러지고 죄를 지을 수 있다. 그렇다고 해서 우리의 가치가 파괴되는 것은 아니다. 어떤 상황에도, 그리스도의 보혈로 정결케 되었다는 것과 주 안에서 완성되어가고 있다는 것을 잊어서는 안 된다.

사탄은 스스로에 대해서도 거짓말한다. 사탄은 전능한 존재가 아니다. 어디에나 있을 수도 없고, 성도에게 함부로 들어가 마음대로 조종할 수도 없다. 사탄은 하나님의 피조물이며 따라서 하

---

128 닐 앤더슨, ≪내가 누구인지 이제 알았습니다≫*(Victory over the darkness)*, 유화자 역(죠이선교회, 1990), 166-167.

나님의 통치 아래 있다(욥 1:12). 그렇기 때문에 두려움의 대상이 아닌 대적의 대상이다(약 4:7). 사탄은 성도를 해할 수 없다. 무엇보다, 이미 영적 전쟁에서 패했다(요 16:33).

하나님 나라는 '이미와 아직' 사이에 있다.
예수님이 이루신 십자가의 승리로 이미 선포되었지만
아직 완성되지 않았다.

6장
사탄의 정체와 전략

"우리의 씨름은 혈과 육을 상대하는 것이 아니요
통치자들과 권세들과 이 어둠의 세상 주관자들과
하늘에 있는 악의 영들을 상대함이라"

엡 6:12

한국 교회에 사탄이 심어놓은 가장 큰 해악을 꼽으라면 단연 비성경적인 귀신론이다. 귀신론은 무속 신앙과 성경을 교묘히 혼합하여 그것이 마치 성경적 진리인양 한국 교회 성도를 미혹했다. 그릇된 귀신론의 영향으로 한국 교회는 '졸음 마귀', '음란 마귀' 같은 비성경적인 표현을 아무렇지도 않게 사용한다.

비성경적 귀신론으로 인한 가장 큰 부작용은 귀신을 지나치게 부각시켜 두려움의 대상으로 만들었다는 것이다. 그릇된 귀신론의 논리는 '적을 알고 나를 알아야 백전백승'이라는 것인데, 성경 그 어디에도 귀신에 대해 알기를 힘쓰라는 말은 없다. 그런 의미에서 사탄에 대한 C. S. 루이스의 고견은 우리에게 중요한 지침이 된다.[129]

---

129 C. S. 루이스, ≪스크루테이프의 편지≫, 서문.

"악마에 대해 생각할 때 우리 인류가 빠지기 쉬운 두 가지 오류가 있습니다. 그 내용은 서로 정반대이지만 심각하기는 마찬가지인 오류들이지요. 하나는 악마의 존재를 믿지 않는 것입니다. 또 다른 하나는 악마를 믿되 불건전한 관심을 지나치게 많이 쏟는 것입니다."

사탄

하나님을 섬기는 천사장 루시퍼(Lucifer)와 그를 따르는 천사들이 타락하여 사탄과 귀신이 되었다는 이야기는 성경이 아닌 유대교 외경 중 하나인 에녹서(*The Book of Enoch*)에 기록되어 있다. 이것이 유대교 출신 기독교인들로 구성된 초기 교회의 일반적인 관념으로 자리잡았다.

사실 이러한 설화적 내용이 터무니없는 것은 아니다. 성경에 있는 파편적인 정보와 구속사적 맥락 속에서 충분히 추론할 수 있는 이야기다. 하지만 성경은 사탄이나 귀신의 출처에 대해 명확하게 이야기하지 않는다.[130] 성경은 하나님에 대해 입증하려 하지만 사탄의 존재에 대해서는 그러한 노력을 하지 않는다.[131] 사탄과

130 마이클 스캔란&랜달 써너, ≪능력 대결≫, 29.

131 "성경은 하나님의 존재를 증명하려고 노력하는 것에 비해 귀신들의 존재를 증명하려고 하지 않는다." 닐 앤더슨, ≪이제 자유입니다≫(*Bondage breaker*), 유화자 역(서울: 죠이선교회, 1994), 115.

귀신이 존재한다는 것과 영적 싸움의 대상인 것, 그리고 영원한 심판을 받게 될 것에 대해서만 명확히 할 뿐이다.[132]

사탄의 명칭

사탄(Satan)은 '대적자, 원수'라는 뜻의 히브리어 '사탄'(*śāṭān*)을 그대로 읽은 것이다. 헬라어로 번역하면 '마귀'(디아볼로스, *diabolos*)가 된다. 사탄의 다른 명칭으로 "옛 뱀"과 "큰 용"도 있다(계 12:9). '옛 뱀'은 에덴동산에서 아담과 하와를 미혹하여 인류에게 죄를 유입시킨 실체이고, '큰 용'은 인류를 멸망의 길로 미혹하는 실체이다.

사탄의 또 다른 이름인 '루시퍼'는 라틴어 성경 불가타(Vulgate)에서 나왔다. 이 단어는 이사야 14장 12절의 "계명성"을 번역하며 등장한다. 히브리어로 '샛별, 금성'이라는 의미인 '헤렐'(*hêlēl*)을 70인역(LXX)이 같은 뜻의 헬라어 '에오스포로스'(*eosphóros*)로 번역했다. 이것을 라틴어 성경이 루시퍼로 번역한 것이다.

루시퍼라는 이름이 보편화된 것은 최초의 영어 성경인 킹제임스성경이 이를 그대로 사용했기 때문이다. 그 외의 번역본들은 원래 의미를 그대로 전달하기 위해 '새벽별, 샛별'(daystar, star of the morning, morning star)로 번역한다.

---

132 "성경에서 귀신들을 언급하는 횟수와 상관없이, 정말 중요한 것은 성경이 귀신들에 대해 논의하고 또 귀신들을 그리스도와 그분의 교회의 적으로 제시하고 있다는 것이다." 클린턴 아놀드, ≪영적 전쟁의 정석≫, 25.

초기 기독교는 누가복음 10장 18절의 "사탄이 하늘로부터 번개같이 떨어지는 것을 내가 보았노라"는 구절과, 고린도후서 11장 14절의 "사탄도 자기를 광명의 천사로 가장하나니"라는 구절을 통해 루시퍼를 사탄을 일컫는 이름으로 사용했다.

구약 성경이 보여주는 사탄

사탄은 인류의 시작과 동시에 등장한다. 미혹하는 영인 사탄은 하나님의 말씀을 교묘히 바꿔서 아담과 하와가 범죄하도록 유혹한다(창 3:1). 사탄은 또한 대적하는 자로, 사람을 미혹하여 하나님을 대적하게 한다(5절).

사탄은 영적 존재이다. 따라서 인간에게 직접 형체를 보일 수 없기 때문에 들짐승 중 가장 간교한 뱀의 몸을 빌린다(1절). 동시에 사탄은 인격적 존재이다.[133] 사람과 대화하며 속인다(1-5절). 그렇다고 사람처럼 음성을 사용하는 것은 아니다. 사탄은 우리의 마음과 생각을 통해 이야기한다(6:5; 신 15:9; 마 9:4; 15:19; 요 13:2).

사탄은 살인하는 자이다. 가인을 미혹하여 동생 아벨을 죽이게 한다(창 4:7-8). 사탄은 시대의 문화와 가치관을 지배하는 자이다. 놋 땅에 에녹성을 세우고 하나님을 대적하는 문화와 가치관을 형성한 가인 후손들의 배후가 된다(16-24절). 또한 사탄은 민족과

---

133 Osward Sanders, *Satan is no myth*(Chicago: Moody Press, 1975), 36.

인류 전체를 타락하게 하는 공중 권세 잡은 자이다(6:1-10).[134]

욥기에서 하나님은 욥의 믿음을 신뢰하여 사탄에게 욥의 몸에는 손대지 않는 조건으로 고난을 허락하신다(욥 1:12). 사탄의 능력은 제한적이다. 공중 권세를 잡은 사탄은 분명히 인간보다는 그 능력이 강하지만, 전지전능하거나 무소부재하지 않다.[135] 사탄은 하나님의 통치와 통제 안에서 활동하는 피조물이다. 더불어 전쟁, 기근, 질병을 통해 성도의 삶에 고난을 주기도 한다(1:15-19; 2:7).

열왕기와 역대기에서 사탄은 하나님의 심판 도구로 활용된다. 아합 왕을 꾀는 거짓말하는 영으로 나오는데, 거짓 선지자들을 통해 아합 왕이 범죄하여 멸망의 길로 가게 한다(왕상 22:20-22). 사탄은 또한 다윗을 충동하여 인구 조사를 하게 했는데, 그 결과 3일 동안 전염병이 돌아 7만 명의 백성이 죽었다(대상 21:1-14).[136]

신약 성경이 보여주는 사탄

신약 성경이 가장 먼저 보여주는 사탄의 모습은 시험하는 자이다(마 4:3). 사탄은 예수님이 공생애를 시작하실 때 하나님의 구속 방

---

134 C. Fred Dickason, *Demon possession & the Christian*(Wheaton, Ill.: Crossway Books, 1993), 21.

135 James R. Graham, *The divine unfolding of God's plan of redemption*, 30-31.

136 C. Fred Dickason, *Demon Possession & the Christian*, 21-22.

편인 십자가의 길을 걷지 못하도록 미혹한다. 그리고 지금도 하나님의 뜻을 버리고 사탄의 방법을 따르도록 사람들을 미혹하고 있다(26:41; 눅 22:46; 고전 7:5).

사탄은 공중의 권세를 잡은 자이다(눅 4:6-7; 엡 2:2). 자신에게 절하면 세상의 모든 권위와 영광을 주겠다고 예수님을 시험한다. 공중의 권세가 사탄의 것이 된 이유는 아담의 범죄 때문이다. 예수님이 이 땅에 오신 목적은 사탄의 권세를 멸하고 잃었던 권세를 되찾아 온 세상의 왕이 되기 위함이다. 이 사역은 예수님의 재림으로 완성되는데 그 과정에서 사탄은 성도를 끊임없이 공격한다(롬 16:17-20).

사탄은 귀신의 우두머리다(마 25:41). 바리새인들은 예수님을 '귀신의 왕'이라 모함하며 '바알세불'(*Beelzebul*)이라 칭한다. 바알세불은 '파리 떼의 왕, 더러운 것의 왕'이라는 뜻으로, 구약에 나오는 '바알세붑'(*Baal-Zebub*)의 헬라어 표기다. 구약에서 바알세붑을 사탄으로 지칭한 적은 없지만, 유대인들은 바알세불을 귀신의 우두머리, 사탄의 별칭으로 사용한 것이다(마 10:25; 12:26-27; 막 3:22; 눅 11:15, 18-19).

사탄은 하나님의 말씀을 깨닫지 못하게 하는 악한 자이다(마 13:19). 사탄은 하나님의 말씀이 성도의 마음에 뿌리내리지 못하도록 방해한다. 이방 신들, 우상, 이단, 사이비 그리고 각종 종교들의 배후에 사탄의 활동이 있음을 기억해야 한다.[137] 하나님의 말씀을 대적하는 각종 이데올로기, 문화, 세계관의 배후에도 사탄이 활동하고 있다.[138]

사탄은 거짓의 아비다(요 8:44). 거짓말은 사탄이 사용하는 가장 흔한 무기다. 사탄은 가장 거룩해 보이는 것들, 가장 예수님을 닮은 것들, 가장 기독교적인 것들로 성도를 교묘하게 속인다. 가장 영적인 것들로 속이고(고전 2:13), 예언을 비롯한 각종 은사들로 속이고(14:29), 선한 것으로 위장하여 속이며(빌 1:10), 하나님의 말씀으로 위장한 거짓 선지자들로 속인다(요일 4:1).

사탄은 참소하는 자이다(계 12:10). 상황을 만들고 마음을 미혹하여 범죄하게 한 후, 하나님 앞에서 참소한다. 성도는 그리스도의 보혈로 그 죄값을 지불하였기 때문에 더 이상 정죄받지 않는다(롬 5:16-18; 8:34). 그럼에도 불구하고 사탄은 성도의 죄책감과 두려움을 자극하여 하나님과의 관계에서 멀어지게 한다.

---

137 "사탄은 종교의 적이 아니다. 사탄은 사람들이 십자가와 멀어지게 하는 종교적인 아이디어를 제공한다. … 사탄은 당신이 얼마나 진리에 가까운 사람인지에는 관심이 없다. 그저 당신이 진리를 잃어버리게 하는 데 혈안이 되어 있다." 닐 앤더슨&티모시 워너, ≪영적 전쟁 이렇게 하라≫, 124-125.

138 "사탄은 우리를 속인다. 그는 복음의 진리를 왜곡한다. 그는 사회적, 문화적 장애를 사용해서 사람들이 그리스도를 믿지 못하게 한다. 그들이 구원을 받아서 하나님께 영광이 되는 것을 막기 위해서다. 사탄은 나라들이 복음전도에 문을 닫게 만든다. … 사탄은 그리스도인들이 복음을 전하지 못하도록 갖은 수를 써서 방해한다." 제리 랜킨, ≪영적 전쟁 이렇게 승리하라≫, 62.

귀신

한국 교회가 갖고 있는 귀신에 대한 개념은 무속 신앙의 영향을 많이 받았다. 귀신론을 강조하는 이단을 언급하지 않더라도, 귀신과 연관된 무속 신앙은 한국 교회 전반에 깊이 뿌리내리고 있다. 따라서 귀신에 대한 성경적 관점을 분명히 이해하는 것은 매우 중요하다.

귀신의 속성

1. 사람이 죽어서 귀신이 되지 않는다

귀신에 대한 전설과 설화는 모든 나라에 있다. 이러한 이야기에는 공통점이 있는데 약하고 힘없는 사람이 억울한 일을 당해 죽으면 귀신이 되어 원한을 갚는다는 내용이다. 왜 이런 이야기가 고대 사회에서 많이 등장할까? 귀신 이야기에는 지배 계급을 향한 경고적 메시지가 담겨 있다. 즉 힘없는 민초와 계급이 낮은 사람들을 억울하게 하면 죽어서도 보복을 한다는 경고이다.

한국의 무속 신앙에도 사람이 억울하게 죽으면 귀신이 된다는 메시지가 있다. 하지만 이는 성경적으로 맞지 않다. 죽은 사람은 절대 귀신이 되지 않는다. 귀신은 타락한 천사들이다(마 25:41; 계 12:4).

2. 귀신은 눈에 보이지 않는다

귀신은 절대 사람의 눈에 보이지 않는다. 이것을 아무리 강조해도

많은 성도가 믿으려 하지 않는다. 분명한 것은, 성경 어디에도 귀신의 존재가 시각적으로 나타난 적이 없다는 것이다. 왜냐하면 귀신은 영적 존재이기 때문이다.[139]

종종 귀신을 직접 눈으로 보았다는 사람들이 있지만 대부분의 경우 착시나 환상이다. 사람들이 보았다고 하는 귀신의 형체는 미디어의 영향이 매우 크다. 대부분 하얀 소복 차림의 여인이나 검은 옷을 입은 저승사자 혹은 흉측한 괴물의 모습이다. 이러한 것들은 사탄과 귀신의 실체를 제대로 알지 못하게 하는 사탄의 속임수일 뿐이다.

종종 하나님이 특별한 목적을 위해 영적인 세계를 보여주실 때가 있음을 부정할 수는 없다. 변화산에서 모세와 엘리야를 보았던 베드로나 하나님의 천사를 만난 마리아처럼 말이다. 그럼에도 불구하고 귀신을 일상에서 자주 볼 수 있다는 것은 성경적이지 않다. 귀신을 직접 보는 것은 성도에게 어떤 유익도 없기 때문에 하나님은 우리에게 허락하지 않으신다.

3. 귀신이 활동하기 위해서는 매개체가 필요하다

사탄과 귀신은 영적 존재이기 때문에 인간과 접촉하기 위해서는 반드시 매개체가 필요하다.[140] 에덴동산에서 사탄이 뱀을 매개체로

---

139 Osward Sanders, *Satan is no myth*, 64-66.

140 같은 책. 66.

사용한 것이 대표적인 예이다(창 3:1). 예수님은 거라사 지방에서 군대 귀신 들린 사람에게서 귀신을 내쫓으셨다. 내쫓긴 귀신은 자신들이 거할 또 다른 매개체로 돼지 떼를 허락받는다(막 5:1-17).

대부분의 경우 귀신은 사람과 접촉하기 위해 다른 사람을 활용한다. 사울 왕은 죽은 사무엘을 불러내기 위해 엔돌에 있는 신접한 여인을 찾아갔다(삼상 28:7-13). 여인은 죽은 사무엘과 접신하여 사울 왕의 패배를 예언한다(19절). 성경은 사울의 입장에서 사울이 믿은 대로 기록되었지만, 사울이 들은 목소리는 사무엘의 혼이 아니라 여인과 접신한 귀신의 목소리였다.

4. 귀신들림은 강제적으로 일어나지 않는다

비성경적인 귀신론의 영향을 받으면 귀신이 자신의 몸에 들어오지 않을까 하는 영적 두려움이 생길 수 있다. 귀신은 인격체이다.[141] 따라서 인간의 몸 속에 마음대로 들어올 수 없다. 이것은 인격이신 하나님이 우리가 영접할 때 비로소 우리 안에 오시는 것과 같은 이치다(요 1:12; 계 3:20).

그럼에도 귀신들린 사람이 발견되고 무속인들이 귀신과 접촉하는 것은 실제이다. 이런 일은 어떻게 일어나는가? 귀신들린 사람의 공통점은 자신이 인지하든 그렇지 못하든 상관없이 언젠가 귀신을 영접한 때가 있었다는 것이다. 무속인의 신내림이 귀신을

141 같은 책, 64-65.

영접하는 대표적인 행위이다.

일반인의 경우 악한 영을 지속적으로 가까이하거나, 호기심 또는 영적 교만으로 귀신을 영접하는 경우가 있다.[142] 성경은 사탄과 악한 영들을 대적하라고 명령한다. 악한 것은 어떤 모양이라도 버려야 한다(살전 5:22-23; 약 4:7).

귀신들림

의외로 많은 성도가 자신에게 귀신이 들어올 것에 대한 두려움을 갖고 있다. 성경은 여러 가지 질병(간질, 정신질환 등)의 원인으로 귀신들림을 자주 언급한다. 귀신이 들리면 어떤 일들이 일어나는가? 성도도 귀신들릴 수 있는가? 성경이 말하는 귀신들림을 살펴보자.

1. 귀신들림이란 무엇인가

귀신들림(demon-possession)은 귀신에 의해 한 인격이 장악되고 통제되는 것이다.[143] 그 결과 낯선 인격이 나타나거나 강력한 힘을 발휘하기도 한다. 다른 사람의 목소리를 내기도 하고 혹은 자신이 알 수 없는 언어를 사용하기도 한다. 무엇보다 하나님을 대적하고

---

142 "귀신들림이란 당사자가 이런저런 이유 때문에 반복적으로 자기의 영혼을 파는 과정을 통하여 나타나는 하나의 점진적인 과정이라고 하겠다." M. 스캇 펙, ≪거짓의 사람들≫, 236.

143 클린턴 아놀드, ≪영적 전쟁의 정석≫, 120.

모든 성스러운 것을 모독한다.[144]

'귀신들림'이라는 말은 문자적으로 오해를 일으킨다. 헬라어 원문에는 '들림'(possession)이라는 의미의 단어가 없기 때문이다. 이것에 대해 탈봇신학교(Talbot School of Theology)의 클린턴 아놀드(Clinton E. Arnold)는 다음과 같이 설명한다.[145]

> "귀신들림(demon-possessed/demon-possession)이라는 표현은 헬라어 본문을 영어로 번역한 일부 성경에서 나타나지만, 그 이면에 '들림'(possession)이라는 뜻을 지닌 헬라어는 없다. '귀신들림'은 '다이모니조마이'라는 헬라어를 번역한 것이다. 소유를 뜻하는 단어들은 헬라어 원문에 없다. '들림'이라는 생각은 성경 번역자들이 헬라어를 그렇게 해석해놓은 것이다. 이런 식의 헬라어 번역은 3세기 동안 인기를 독차지했던 영어 성경인 흠정역이 '귀신들림'(demon possession/possessed with the devil)이라고 번역하면서 표준이 되었다."

오늘날에는 귀신들림이라는 말보다 '귀신화'(demonized)라는 말을 선호한다. 리버티대학교(Liberty University)의 토마스 아이스(Thomas Ice)는 다음과 같이 설명한다.[146]

---

144 월터 윙크, ≪사탄의 가면을 벗겨라≫, 150-154.

145 클린턴 아놀드, ≪영적 전쟁의 정석≫, 120-121.

146 Robert Dean Jr. & Thomas Ice, *What the bible teaches about Spiritual Warfare* (Grand

"신약 성경에는 귀신들림(demon-possession)과 관련하여 한 단어 이상 사용된다. 첫째, 헬라어 '다이모니조마이'*(daimonizomai)*는 귀신에 대해 보다 일반적으로 사용되는 명사의 분사 형태이다. '다이모니조마이'는 일반적으로 '귀신에 의해 점령되다'로 번역되거나 또는 그런 상태의 사람에 대해 묘사할 때 쓰이는데, 이것은 '귀신 같은'(demoniac)으로 표현된다. 이 단어는 복음서에서 총 13번 사용된다. 이 단어의 의미를 희석시키기 위해 '귀신화'(demonized)로 번역하는 것이 점점 더 인기를 끌고 있다."

신약 성경에 등장하는 귀신들림을 세 가지로 구분하면 좋을 것 같다. 첫 번째는 문자 그대로 귀신에 의해 점령된 상태이다. 대표적인 경우가 거라사 광인이다(눅 8:30; 막 1:21-26 참고). 두 번째는 귀신들린 것과 유사한 상태이다. 서기관들이 예수님이 귀신을 쫓아내는 장면을 보고 바알세불이 "지폈다"(be possessed)고 표현한 부분에서 예를 찾을 수 있다(막 3:22). 세 번째는 우리의 죄성이 악한 영의 미혹에 빠져 점점 사탄의 지배를 받게 되는 귀신화이다. 마귀가 가룟 유다의 마음을 장악하여 예수님을 팔게 한 것이 그 대표적인 예이다(요 13:2).

2. 그리스도인도 귀신들릴 수 있는가

한국 교회의 성도가 귀신들림에 대한 두려움을 가지고 있는 원인

Rapids: Kregel Publications, 2000),130.

으로 다음 네 가지를 생각해볼 수 있다. 전통적인 무속 신앙의 영향, 공포 영화 같은 미디어의 영향, 비성경적인 귀신론의 영향, 은사주의자들의 무분별한 축귀 사역.

정말 그리스도인도 귀신들릴 수 있는가? 결론부터 말하면, 예수님을 영접한 그리스도인은 귀신들릴 수 없다.[147] 혹 그리스도인임에도 불구하고 귀신들리는 일이 발생했다면, 이는 귀신이 강제적으로 성도 안에 들어온 것이 아니라 "장기간에 걸쳐 죄를 범하거나 귀신들을 초청"했기 때문이다.[148]

성경은 우리의 마음을 "집"이라는 공간적 언어로 설명한다(눅 11:24-26). 이 공간을 점유하는 자가 집의 주인이 된다. 그리스도인은 예수님을 집의 주인으로 영접한 자들이다(요 1:12; 20:28). 우리 마음의 주인되신 그리스도는 사탄의 권세를 멸하고 승리하셨다(16:33). 따라서 성도는 귀신들림에 대한 두려움과 염려로부터 자유할 수 있다(8:32; 롬 8:35-39).[149]

그렇다면 그리스도인은 사탄과 귀신으로부터 완전히 자유한가? 그렇지는 않다. 사탄은 우리 안에 있는 하나님 나라를 끊임없이 침노한다. 사탄을 대적하지 않거나 죄와 싸우지 않으면 하나님

---

147 "귀신들린다는 것이 사탄이나 귀신들이 신자를 소유한다는 의미라면 그리스도인은 귀신들릴 수가 없다. 신자들은 하나님의 소유이며 오직 그분께만 속한다." 클린턴 아놀드, ≪영적 전쟁의 정석≫, 210.

148 같은 책, 210.

149 Robert Dean Jr. & Thomas Ice, *What the bible teaches about Spiritual Warfare*, 134.

나라를 조금씩 빼앗기게 된다. 결국 귀신들린 것은 아니지만 마음과 생각이 사탄적인 가치관에 깊이 물들어 죄의 종 노릇을 하게 된다. 이것을 귀신화라고 말하는 것이다.

3. 예수님을 영접하지 않은 자들은 모두 귀신들린 것인가

예수님을 영접하지 않았다고 해서 귀신들린 것은 아니다. 성경은 예수님을 영접하지 않은 자들은 '마귀에게 속한 자'라고 말한다 (요일 3:8). 귀신들림은 비기독교인이라 하더라도 귀신을 영접하기로 작정하지 않는 이상 쉽게 일어나지 않는다.

안타까운 것은 현대인 중에 사탄이나 귀신의 힘에 매력을 느껴 귀신을 초대하는 놀이나 종교의식에 경계심 없이 동참하는 경우가 빈번하다는 것이다. 분신사바 같은 접신 놀이, 점치는 일이나 무당 굿, 사탄 숭배가 그러한 예이다.

현대인이 사탄이나 귀신에게 매력을 느끼는 이유는 무엇일까?[150] 첫째, 영적인 갈급함 때문이다. 하나님을 모르거나 부인하는 자들에게도 영적인 목마름이 있다. 이로 인해 악한 영임에도 불구하고 관심을 갖는 것이다. 둘째, 사탄이나 마귀가 가지고 있는 능력에 대한 개인적인 믿음 때문이다. 귀신에게 영적인 능력이 있기 때문에 이것을 잘 이용하면 자신에게 유익이 있으리라는 믿음과 호기심으로 일정 부분 의지하는 것이다.

150 월터 윙크, ≪사탄의 가면을 벗겨라≫, 140-141.

4. 귀신들림은 어떻게 일어나는가

귀신에게 지배되는 귀신들림은 매우 드물게 일어난다. 우리가 흔히 귀신들렸다고 생각하는 사람들은 조현병(정신분열증) 환자인 경우가 대부분이다.[151] 그럼에도 귀신들림은 실재한다. 어떤 경우에 귀신이 사람에게 들어갈 수 있는가? 귀신은 인격이기 때문에 초대하지 않는 이상 결코 마음대로 들어갈 수 없다. 귀신을 초대하는 몇 가지 경우가 있다.[152]

첫째, 개인 스스로가 인지하든 인지하지 못하든 귀신을 초대하는 경우이다. 둘째, 귀신을 초대하는 어떤 권위자를 인정함으로써 귀신을 영접하는 경우이다. 셋째, 가족 중 귀신들린 자에 의해 대물림처럼 귀신을 영접하는 경우이다. 넷째, 무당이나 신접한 자의 저주를 들은 후 이것이 올무가 되어 귀신을 영접하는 경우이다.

교회와 목회자는 환청이나 환시 같은 귀신들림과 유사한 증상을 보이는 성도를 발견할 경우 먼저 정신건강의학과를 찾도록 도와야 한다. 선불리 귀신들림으로 판단하여 축귀 사역을 할 경우 교회에 큰 부작용이 생길 수 있다. 무분별한 축귀 사역은 성도 안에 귀신에 대한 두려움을 조장하고 당사자에게는 수치심을 줄 수

---

151 김진, ≪그리스도인은 인간을 어떻게 이해해야 하는가≫(뜨인돌, 1999), 35.

152 Charles H. Kraft, "Dealing with Demonization", *"Behind Enemy Lines: An Advanced Guide to Spiritual Warfare"*(Eugene, Or.: Wipf and Stock Publishers, 2000), 85-88.

있다. 또한 전도에 악영향을 끼칠 수도 있음을 기억해야 한다.[153]

5. 성경에 나오는 귀신 쫓아내는 장면을 어떻게 이해할 것인가

예수님의 사역 중에는 귀신을 쫓아내는 장면이 많다. 일부 은사주의자는 예수님의 사역을 문자 그대로 이해하여 축귀를 일상적인 사역으로 취급하기도 한다. 하지만 이것은 영적 전쟁과 귀신에 대한 지엽적인 이해이기 때문에 조심해야 한다.

성경에서 말하는 귀신들림은 귀신을 영접하여 실제적인 지배를 받는 상태, 각종 정신질환이나 질병으로 귀신들린 것과 유사한 증상을 보이는 상태, 그리고 귀신의 미혹에 빠져 지배를 당하는 귀신화 상태를 모두 포함한다.

예수님이 복음서에서 귀신을 쫓아내시는 장면 중에는 실제적인 축귀 사역도 있다. 더불어 질병을 치료하는 과정으로, 포괄적 의미에서 귀신을 쫓아내시는 경우도 있다. 여기서 중요한 것은, 예수님의 축귀 사역은 단순히 한 개인을 지배하는 귀신을 쫓아내는 것 이상의 의미라는 사실이다. 즉 공중 권세를 잡은 사탄과 악한 영들의 지배로부터 그분의 백성을 자유롭게 하신다는 의미를 가진다.[154]

---

153 클린턴 아놀드, ≪영적 전쟁의 정석≫, 211.

154 같은 책, 210.

사탄의 전략

성경은 사탄과 악한 영의 존재를 분명히 한다. 이들의 목적은 인류를 미혹하여 하나님의 목적과 계획을 깨닫지 못하고 대적하게 만드는 것이다.[155] 사탄은 이 일을 성취하기 위해 자신의 정체를 속인 채 교묘하게 활동한다. 성경은 성도가 영적 전쟁의 실체인 사탄에게 속지 않도록 그들의 위장한 모습을 알려준다.

> "우리의 씨름은 혈과 육을 상대하는 것이 아니요 통치자들과 권세들과 이 어둠의 세상 주관자들과 하늘에 있는 악의 영들을 상대함이라" 엡 6:12

통치자들과 권세들

사탄이 자신의 정체를 숨기고 성도를 공격하는 수단으로 '통치자들과 권세들'이 소개된다.[156] '통치자'(아르케, *archē*)는 국가 지도자와 행정 관리를 포함한 사회적, 경제적, 종교적 지도자들을 일컫는다. '권세'(엑소우시아, *exousia*)는 사람을 움직일 수 있는 능력으로 명령권이나 재판권, 군사력, 재물, 성(sex), 기술 문명, 종교 지도자,

---

155 잭 스코트, ≪구약에 나타난 하나님의 구원 사역≫*(God's plan unfolded)*, 한재석 역(크리스찬서적, 1991), 35.

156 "처음 두 용어는 바울이 귀신들에 대해 말할 때 가장 흔하게 사용하는 방식이다. 그들은 바울 서신에서 보통 함께 발견되며, 또 모든 종류의 악한 권세를 요약해서 언급하는 방식인 것 같다(고전 15:24; 엡 1:21; 3:10; 6:12; 골 1:16; 2:10, 15을 보라)", 클린턴 아놀드, ≪영적 전쟁의 정석≫, 47.

사상가들이 포함된다.[157]

사탄은 통치자와 권세들을 통해 하나님의 구원 역사를 방해하는 것이 얼마나 효과적인지 잘 안다. 이들은 성도를 핍박하여 신앙을 포기하게 하고 교회를 파괴하며 복음 전파를 훼방한다.

인류 최초의 제국 바벨의 니므롯, 이스라엘 백성에게 강제 노역을 시키고 남아 살해를 지시한 애굽의 바로, 이스라엘을 공격한 수많은 이방 왕들, 북이스라엘을 멸망시킨 앗수르 왕 산헤립, 남유다를 멸망시킨 바벨론 왕 느부갓네살, 예수님을 죽이기 위해 베들레헴에 있는 2세 미만의 아이들을 모두 죽인 헤롯 대왕, 그리고 예수님을 십자가에 매달은 종교 지도자들이 그 예이다.

초대 교회가 형성되고 250여 년 동안 교회는 로마 황제들에 의해 심각한 핍박을 당했다. 중세 시대에는 올바른 신앙을 지키던 사람들이 교황과 교회를 비판한다는 이유로 교회의 통치자와 권세들에 의해 무참히 죽임당했다.

종교 개혁 이후에는 인본주의와 자유주의 사상가들이 일어나 교회와 성경의 권위를 훼손하며 많은 그리스도인을 미혹했다. 그 외에도 통치자와 권세들이 공산주의, 제국주의, 군국주의, 국수주의, 파시즘, 나치즘 등의 이름으로 교회와 성도를 핍박했다.

통치자와 권세들을 통한 사탄의 공격은 오늘날에도 여전히 진

---

157 리처드 포스터, ≪돈 섹스 권력≫*(Money, Sex & Power)*, 김영호 역(두란노서원, 2004), 206.

행 중이다. 복음 전파를 봉쇄하고, 교회와 성도를 대상으로 테러를 행하며, 영향력 있는 사상가와 유명인들을 이용해 성경적 가치를 훼손하는 일들이 끊임없이 일어난다.

오늘날에는 영적 전쟁을 공포 영화의 한 장면이나 축귀 사역 정도로 치부하는 경향이 있다.[158] 하지만 예수님이 보여주신 영적 전쟁은 귀신을 내쫓거나 내적 평화를 위한 씨름 정도가 아니다. 예수님을 십자가에 못 박은 실제적인 공격의 주범은 통치자와 권세들이었다.

사람들은 이런 권력의 횡포 앞에 보통 두 가지 반응을 보이는데, 저항과 순응이다. 인류의 역사는 타락한 권력에 대한 저항과 피 흘림의 흔적들로 가득하다. 타락한 권력은 분명 사탄적 모습이므로 반드시 회복되어야 한다. 하지만 이 과정에서 또 다른 폭력과 피 흘림을 자행한다면 회복하려는 노력 역시 사탄의 모습이 되어버리고 말 것이다.

타락한 권력 앞에 순응하는 것도 하나님의 뜻과 거리가 멀다. 예수님의 십자가는 하나님 나라의 회복을 의미한다. 그 안에는 타락한 권력의 회복도 포함된다.[159] 교회와 성도는 하나님의 뜻이 이 땅에서도 이루어지길 소망하면서 그 성취를 위해 힘써야 한다.

---

158 월터 윙크, ≪사탄의 가면을 벗겨라≫, 52.

159 "권세들은 선한 것이다. 권세들은 타락하였다. 권세들은 구원되어야 한다." 월터 윙크, ≪사탄의 체제와 예수의 비폭력≫*(Engaging the powers)*, 한성수 역(한국기독교연구소, 2004), 39.

예수님은 로마의 식민지에서 태어났으나 로마와 싸우지 않으셨다. 그렇다고 로마에게 굴종하지도 않으셨다. 예수님의 삶을 본받은 초대 교회는 로마 통치자와 유대 권세들 앞에 순종하되 하나님의 뜻이 아닌 것에는 저항했다. 이들의 저항은 혈과 육을 상대하는 것이 아니기에 비폭력을 지향했고, 하나님의 뜻이 이 땅에 이루어지기까지 포기하지 않는 믿음의 행보였다(딤전 6:12).

영국의 노예 해방을 이끈 윌리엄 윌버포스(William Wilberforce, 1759-1833), 미국의 노예 해방을 이끈 에이브러햄 링컨(Abraham Lincoln, 1809-1865), 흑인 인권을 위해 비폭력 저항 운동을 이끈 마틴 루터 킹(Martin Luther King, 1929-1968), 일제 치하에서 나라를 구하기 위해 일어난 3.1 운동, 국채 보상 운동, 물산 장려 운동 등은 기독교의 중요한 신앙 유산이다.

어둠의 세상 주관자들

'어둠'은 하나님의 반대편을 의미하는 은유적 표현이다(요 3:19; 8:12; 12:46). '세상 주관자들'(코스모크라토르, *kosmokratōr*)이라는 단어는 성경 전체 중 에베소서 6장 12절에서 유일하게 언급되는데, '코스모스'(*kósmos*, 세계, 세상)와 '크라테오'(*krateō*, 강하다, 통치하다)의 합성어이다. 즉 '어둠의 세상 주관자들'은 하나님을 대적하는 모든 영역의 지도자들을 뜻한다.

가인은 동생 아벨을 죽이고 여호와 앞을 떠나 놋에 거주하며 에녹성을 쌓았다. 가인의 후손은 일부다처제, 계급 문화, 유흥 문화, 과학기술 문화, 기득권을 위한 법 제정 등의 문명 발전을 이루었지만, 정작 이들에게는 '여호와의 이름을 부르는 것'이 없었다. 그후 가인의 후손은 셋의 후손과 완전히 혼합되었고, '마음으로 생각하는 모든 계획이 하나님을 대적하는 것'뿐이었다.

가나안에 들어간 이스라엘 백성은 그 땅의 문화와 가치관에 오염되기 시작했다. 하나님을 우상처럼 섬기고, 부유한 자들은 레위인을 이방 제사장 취급하고, 하나님을 기업으로 삼아야 하는 종교 지도자는 권력자로 변질되었다.

사탄은 탐스럽고 아름다운 문화, 가치관, 사상 등으로 사람들을 미혹하여 하나님을 대적하게 한다. 이러한 영적 흐름을 분별하기는 쉽지 않다(롬 12:2). 하나님이 주신 일반은총 안에서 발현된 선한 것들과 공존하기 때문이다. 사탄은 소위 지식인이나 전문가들을 이용해 하나님을 대적하는 문화, 가치관, 이데올로기 등을 만들어내고 조직화한다.

인간이 영적 존재인 것을 부정하는 진화론이나 심리학, 영적 세계를 부정하고 이 땅에 집중하게 하는 물질 만능주의나 과학 지상주의, 예수 그리스도가 유일한 구원의 방편임을 부정하는 종교 다원주의, 누구나 하나님이 될 수 있다고 말하는 뉴에이지 운동, 성경의 절대적 가치와 진리를 부정하는 포스트모더니즘, 하나님이 창조하신 가정과 남녀의 가치를 부정하는 성 해방 운동 등이 사람들을 미혹하는 어둠의 흐름이다.

악의 영들

'악의 영들'은 사악하고 나쁜 영들을 말한다. 이 악은 일상에서 만나는 것으로, 어쩌면 성도를 가장 힘들게 하고 우리 안에 있는 천국을 파괴하는 실제적인 존재일 수 있다.[160] 사탄을 '바알세불'(파리 떼의 왕)이라고 하면, 악한 영들은 '파리 떼'라고 할 수 있다. 예수님은 주기도문을 통해 이 악의 위험성을 경고하셨다. "다만 악에서 구하시옵소서"(마 6:13)

악한 영들은 불평/불만, 시기/질투/경쟁, 두려움, 불순종 등으로 우리 마음을 흔들어 하나님 나라를 파괴한다. 또한 육체의 정욕, 돈을 사랑함, 자기애, 탐심, 쾌락 등을 통해 우리의 죄성을 자극하여 범죄하게 한다. 마지막으로 죄책감, 의심, 정의감과 동정심, 직분과 상급에 대한 오해, 성공과 실패에 대한 오해 등으로 결국 하나님과 멀어지게 한다.

---

160 마이클 스캔란&랜달 써너, ≪능력 대결≫, 79.

사탄의 목적은 인류를 미혹하여

하나님의 목적과 계획을 깨닫지 못하고

대적하게 만드는 것이다.

7장
영적 전쟁의 실제

"그러므로 하나님의 전신 갑주를 취하라
이는 악한 날에 너희가 능히 대적하고
모든 일을 행한 후에 서기 위함이라"

엡 6:13

인류는 사탄의 미혹에 빠져 범죄했고, 그 결과 생명과 풍성한 삶을 잃어버렸다. 하나님과 단절된 사람은 살아 있는 듯하지만 죽은 자이다(딤전 5:6). 예수님을 영접한 자는 하나님과의 관계가 회복되어 그분이 주신 좋은 것들을 누린다(요 10:10). 하지만 사탄은 새 생명을 얻은 성도를 향한 교묘한 공격을 멈추지 않는다. 따라서 예수 그리스도의 생명을 소유한 성도는 영적 전쟁을 피할 수 없다. 원하든 원하지 않든 이미 전쟁터에 있다.

영적 전쟁의 현장

영적 전쟁은 혈과 육을 상대하는 것이 아니다. 따라서 전쟁터 역시 다르다. 영적 전쟁의 현장은 육체, 마음, 세상이다. 영적 전쟁은 육체를 지배하는 죄와의 싸움이고, 우리 마음에 있는 하나님 나라를 지키는 싸움이며, 세상적 가치관과의 싸움이다.

육체

"내가 이르노니 너희는 성령을 따라 행하라 그리하면 육체의 욕심을 이루지 아니하리라 육체의 소욕은 성령을 거스르고 성령은 육체를 거스르나니 이 둘이 서로 대적함으로 너희가 원하는 것을 하지 못하게 하려 함이니라" 갈 5:16-17

우리의 육체는 치열한 전쟁터이다. 하나님이 창조하신 인간의 육체는 신비하고 아름답지만 죄로 오염되었다. 육체는 죄의 저장소와 같다. 양심이나 하나님의 말씀으로 제어되지 않으면 끊임없이 죄의 지배를 받아 악을 행하게 된다. 사도 바울의 고백처럼, 속사람은 선을 행하고 싶어 하지만 죄성은 도리어 하나님이 미워하시는 것을 행하게 한다(롬 7:15-23).

그렇다고 이원론자나 금욕주의자들처럼 육체를 부정하거나 학대해서는 안 된다. 영적 전쟁은 육체와의 싸움이 아니라 '죄를 사랑하는 본성'과의 싸움이다(히 11:25 참고). 성도의 몸은 하나님이 임재하시는 성전이기 때문에 거룩하게 지켜야 한다(고전 3:16-17).

우리가 치열하게 싸워야 할 대상은 육체 자체가 아니라 그 안에 있는 죄성이다(히 12:4).[161]

죄는 육체를 통해 악을 행한다. 우리의 죄성을 자극하는 사탄은 우리 안에 있는 하나님 나라를 파괴하려 한다. 성도가 죄와 싸워야 하는 중요한 이유는 죄가 우리를 하나님의 구원에서 떨어뜨릴 수 있기 때문이다.[162] 또한 그리스도의 피로 죄 사함을 받았을지라도 이 땅에서 지불해야 할 죄의 대가가 너무 크기 때문이다.[163] 죄에는 물질적 손해, 수치, 가정 파괴, 육체적 질병, 사회법에 의한 처벌 같은 구체적이고 실제적인 대가가 따른다.

성도는 육체의 정욕을 제어해야 한다(벧전 2:11). 육체는 즐거움과 고통을 느끼는 가장 빠른 통로이다. 즐거움은 반복하여 누리고 고통은 피하려는 것이 육체의 본성이다. 우리는 이 본성을 거스려 쾌락이 아닌 하나님의 기준으로 육체를 다스려야 한다.

사탄은 삶을 해롭게 하는 육체의 즐거움을 절제하지 못하도록 미혹한다. 반대로 유익을 주는 고통은 오히려 두려움을 자극하여

---

161 "신자들의 심령 속에서의 내적인 싸움은 성령과 육적인 정욕의 싸움이지 성령과 귀신들의 싸움이 아니라는 것이다." 메릴 엉거, ≪성도를 향한 귀신들의 도전≫*(What demons can do to saints)*,정학봉 역(요단, 1985), 74.

162 "사탄은 우리의 육적이고 자기중심적인 본성이 우리 삶을 지배하기를 바란다. 그래서 우리의 삶, 우리의 태도와 행동을 완전히 차지해서 하나님께 영광이 되는 일은 아무것도 하지 못하게 하려고 한다." 같은 책, 187.

163 제리 랜킨, ≪영적 전쟁 이렇게 승리하라≫, 171

도전하지 못하게 한다. 절제하지 않고 쾌락을 탐닉하려는 육체의 속성은 술, 담배, 게임, 음식, 외모, 성, 약물 등의 다양한 중독으로 이어진다.[164]

마음

"모든 지킬 만한 것 중에 더욱 네 마음을 지키라 생명의 근원이 이에서 남이니라" 잠 4:23

일상에서 벌어지는 전쟁의 가장 치열한 현장은 바로 마음이다.[165] 사탄은 우리 안에 하나님 나라가 있다는 것을 안다(눅 17:21). 영적 전쟁은 우리 마음 안에 있는 천국을 지키는 것이다.

마음은 인식, 깨달음, 지식, 지혜, 사고, 가치관 같은 지적인 부분과 기쁨, 슬픔, 괴로움, 두려움, 아픔 같은 감정적인 부분, 그리고 자신이 원하는 것을 실행하려는 의지적인 부분으로 나뉜다.

지성, 감성, 의지 세 영역 모두 사탄의 공격 대상이다. 각 영역은 긴밀히 연결되어 있어 구분하는 것이 쉽지 않다. 그럼에도 각 영역에 집중되는 사탄의 공격을 구분하면 다음과 같다.

- 지(知) - 정의감/동정심, 그릇된 기대감, 영적 두려움, 패배의식

---

164 탐 마샬, ≪성경으로 열리는 영적 전쟁≫, 144.

165 조이스 마이어, ≪마음 전쟁 끝내기≫, 43.

• 정(情) - 불평/불만, 시기/질투/경쟁, 두려움, 조급함, 무정함, 열등감, 비교의식
• 의(意) - 불순종, 게으름, 속임수, 이간질, 당 짓는 것, 분열, 배신, 무절제, 비방, 용서하지 않는 것, 포악함, 복수심, 하나님을 대적하는 것, 거짓말

마음은 인본주의 학자들에게도 중요한 연구 대상이다. 현대인의 삶에 나타나는 많은 문제가 마음과 연관되기 때문이다. 하지만 이들이 놓치고 있는 중요한 것은, 마음 속에서 일어나는 많은 문제가 실은 영적 전쟁을 나타낸다는 사실이다. 마음의 문제가 영적 문제라는 것은 이것을 마음 치료(mind therapy)나 긍정적 사고(positive-thinking)가 아닌 하나님의 방법으로 해결해야 한다는 뜻이다.

그리스도인의 영적 전쟁은 십자가의 능력으로 이미 승리가 선언된 싸움이다(요 16:33). 우리는 하나님의 방법으로 사탄의 권세를 멸하여 승리를 취하면 된다(약 4:7). 우리를 창조하신 하나님은 우리의 마음을 가장 잘 아신다. 그 하나님이 우리의 마음을 지키는 방법을 명확히 알려주신다.[166]

첫째는 감사 기도이다(빌 4:6-7). 기도는 하나님의 질서가 마음 속에 임하게 한다. 감사는 우리 안에 있는 부정적인 요소들을 끊고 하나님의 질서로 마음을 다스리게 해준다. 감사는 불평/불만,

---

166 김창현, ≪7일간의 기쁨 회복≫, 83-85.

시기/질투/경쟁, 불순종, 두려움을 물리치는 최고의 방법이다.

둘째는 찬양이다(사 51:11). 음악이 사람의 마음에 미치는 영향은 엄청나다. 많은 사람이 음악을 통해 마음을 다스린다. 그리스도인에게 있어서, 음악이 마음을 다스리는 간접적인 방법이라면 찬양은 직접적인 방법이다. 하나님의 말씀, 감사의 내용, 하나님이 하신 일, 하나님에 대한 기대감뿐만 아니라 나의 슬픔과 고통까지 담은 찬양은 마음을 다스리는 아주 좋은 무기다.

셋째는 하나님의 말씀이다(히 4:12). 하나님의 말씀은 검과 같아서 부정적인 생각들을 단절하는 능력이 있다. 또한 다림줄과 같아서(암 7:7-8) 우리의 흐트러진 마음과 생각을 바로잡는다. 말씀을 가까이하는 것에는 성경 읽기, 말씀 묵상, 설교 듣기 등 다양한 방법이 있지만, 무엇보다 강력한 무기는 말씀 암송이다.

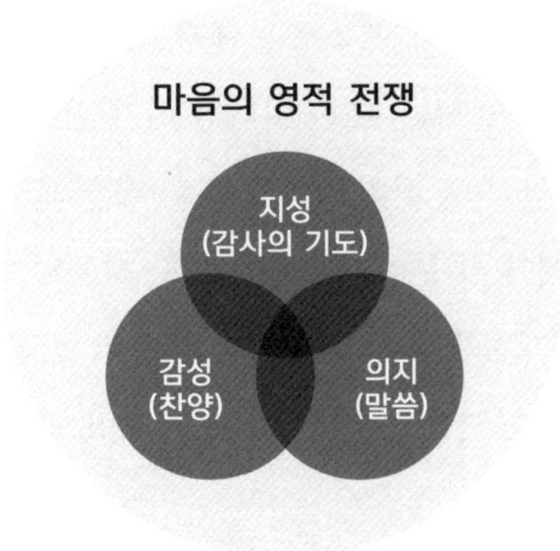

세상

> "너희는 이 세대를 본받지 말고 오직 마음을 새롭게 함으로 변화를 받아 하나님의 선하시고 기뻐하시고 온전하신 뜻이 무엇인지 분별하도록 하라"
>
> 롬 12:2

성경은 사탄을 '이 세상의 임금'(요 12:31; 14:30; 16:11)과 '공중의 권세를 잡은 자'(엡 2:2)로 설명한다. 여기서 세상은 물리적 공간인 지구가 아니라 죄악된 인간 세계를 의미한다. 사탄은 자신의 지배를 받는 자들을 통해 세상의 임금 노릇을 하고 있다.[167]

사탄은 하나님의 방법으로 이 땅을 살아가야 할 사람들이 가치관, 사상, 문화, 과학기술 같은 조직화되고 매력적인 시스템으로 하나님을 대항하게 한다.[168] 영적 전쟁은 가치관의 싸움이고 세계관 싸움이며 진리 대결(truth encounter)이다.

가인의 후손은 놋에 에녹성을 세우고 하나님의 질서를 파괴한 일부다처제를 만들었다. 또한 하나님 나라의 수평적 질서를 깨고 강한 자가 약한 자를 착취하는 수직적 계급 제도를 만들었다. 하나님을 찬양해야 할 문화와 예술은 강한 자들의 전유물이 되었고, 삶의 불편을 개선해야 할 과학기술은 부의 상징이 되었다. 또한 하나님만이 법을 만들고 심판하실 수 있음에도, 기득권 세력은 자

---

167 제시 펜 루이스, ≪영을 분별하는 그리스도인≫, 47-48.

168 Robert Dean Jr. & Thomas Ice, *What the bible teaches about Spiritual Warfare*, 65.

신들이 가진 것을 보호하기 위한 법과 제도를 만들고 스스로 심판자가 되었다.

이러한 가인의 문화는 아담의 후손에게 매우 매력적으로 보였다. 그 결과 홍수 이전의 인류는 하나님을 대적하는 가치관 속에 파묻혀 심판을 받게 되었다. 홍수 이후 니므롯을 중심으로 세워진 바벨은 모든 사람을 미혹하여 하나님을 대적하는 성읍과 탑을 만들었다. 하나님은 그에 대한 심판으로 인류의 언어를 나누셨고 지금에 이르게 되었다.

세상 임금인 사탄은 오늘날에도 하나님을 대적하는 문화와 가치관으로 성도를 미혹하고 있다. 물질 만능주의, 과학 지상주의, 공산주의, 자유주의, 종교 다원주의, 뉴에이지 운동, 포스트모더니즘, 인본주의, 실용주의, 자연주의, 성 해방 운동 등 각 시대마다 그 모양은 다양하게 바뀌고 있다. 그러나 목적은 한 가지로, 교회와 성도를 미혹하여 하나님의 법을 떠나 하나님을 대적하게 하는 것이다.

전신갑주를 입으라

영적 전쟁은 죄성을 소유한 육체 안에서, 생명의 근원인 마음 안에서, 그리고 사탄이 공중 권세를 잡은 세상 속에서 지금도 벌어지고 있다. 이 전쟁에서 제외된 성도는 한 명도 없다. 그리스도를 영접하는 순간부터 사탄의 공격 대상이 된다.

사탄은 성도를 두렵게 하여 이 전쟁에 동참하지 못하도록 미혹한다. 교회의 권세 앞에 음부의 권세는 힘이 없다는 것을 알기 때문이다(마 16:18). 성도가 무장하고 영적 전쟁에 임하는 순간 사탄은 피할 수밖에 없다(엡 6:11; 약 4:7). 따라서 성도는 사탄을 두려워하지 말고 전신갑주를 입고 전쟁에 임하기만 하면 된다(엡 6:14-18).[169]

> "그런즉 서서 진리로 너희 허리 띠를 띠고 의의 호심경을 붙이고 평안의 복음이 준비한 것으로 신을 신고 모든 것 위에 믿음의 방패를 가지고 이로써 능히 악한 자의 모든 불화살을 소멸하고 구원의 투구와 성령의 검 곧 하나님의 말씀을 가지라 모든 기도와 간구를 하되 항상 성령 안에서 기도하고 이를 위하여 깨어 구하기를 항상 힘쓰며 여러 성도를 위하여 구하라" 엡 6:14-18

---

169 "우리는 우리가 악의 권세들, 그리고 악한 능력들과의 부단한 영적 전쟁에 참여하고 있음을 믿는다. 그 세력들은 교회를 전복시키고 세계 복음화를 위한 교회의 사역을 좌절시키려고 한다. 우리는 하나님의 전신갑주로 자신을 무장하고, 진리와 기도의 영적 무기를 가지고 이 싸움을 싸워야 한다는 것을 안다. 우리는, 교회 밖에서 잘못된 이데올로기를 통해서뿐만아니라, 교회 안에서 잘못된 복음, 즉 성경을 왜곡시키며 사람을 하나님의 자리에 올려놓는 일을 통해서도 적들의 활동을 감지할 수 있기 때문이다." 제임스 패커&토마스 오덴, ≪복음주의 신앙 선언≫*(One faith : the evangelical consensus)*, 정모세 역(IVP, 2014), 156.

진리로 허리띠를 띠고

사도 바울은 영적 전쟁을 위한 무장을 설명하기 위해 로마 군병이 연상되는 갑주를 활용한다. 전쟁을 위한 일곱 가지 갑주를 소개하는데, 그중 첫 번째가 '진리의 허리띠'다. 허리띠는 하의를 고정하여 행동을 자유롭게 해주는 역할을 한다. 영적 전쟁을 위한 갑옷에서 허리띠의 역할을 하는 것이 바로 진리다.[170] 진리가 우리를 자유롭게 한다(요 8:32).

영적 전쟁의 현장에 있는 성도에게 진리의 허리띠는 하나님의 말씀과 약속에 대한 흔들리지 않는 믿음이다.[171]

사탄은 성경의 권위를 파괴하고 교회 안에 잘못된 복음을 퍼뜨렸다. 성도 안에 말씀에 대한 의심을 심었으며 성경의 기준을 양보하거나 포기하게 만들었다. 사탄이 이렇게 집요하게 성경을 공격한 이유는, 믿음은 그리스도의 말씀을 들음에서 나기 때문이다(롬 10:17). 영적 전쟁 중에 있는 성도는 다른 어떤 것보다 말씀을 신뢰하고 의지해야 한다(딤후 3:16-17). 이 믿음이 전사로서의 중심을 잘 잡아줄 것이다.

의의 호심경을 붙이고

'호심경'(breastplate)은 이전에 '흉배'로 번역되었던 단어로, 가슴과

170 브라이언 보그먼&롭 벤투라, ≪영적 싸움≫, 83.

171 토마스 화이트, ≪능력 전투≫, 54-57.

복부를 보호해주는 방어용 장비다. '의의 호심경'은 마음을 지켜준다.[172] 성경에서 마음은 심장, 내장을 의미한다. 마음은 가장 치열한 영적 전쟁터이다. 하루에도 수십 번 낙망하고 쓰러지는 현장이 바로 마음이다. 성경은 이 마음을 의의 호심경으로 무장하라고 한다.

사탄은 두려움, 정죄감, 죄책감, 교만, 무기력, 낮은 자존감, 패배감, 우월감, 정의감/동정심, 불평/불만, 시기/질투/경쟁 등 다양한 방법으로 성도를 공격한다. 이때 의(righteousness)가 마음을 지켜주는 호심경이 된다. 의에는 세 가지 의미가 있다.

첫째, 정결하게 된 거룩한 상태를 의미한다(고전 6:11). 의는 오직 십자가 보혈을 통해 얻을 수 있는 것으로, 사탄이 주는 두려움을 극복하고 죄책감과 정죄감으로부터 성도를 자유롭게 한다(롬 6:20).

둘째, 정의와 공의 같은 하나님이 기뻐하시는 상태를 의미한다(엡 4:24). 말씀대로 살아내는 의로운 삶 안에서만 사탄의 공격으로부터 마음을 지킬 수 있다(잠 12:28). 이러한 삶이 세상 사람들에게는 미련해 보일 수 있지만, 그 안에는 마음의 평안을 가져다줄 수 있는 실제적인 능력이 있다(고전 1:18).

셋째, 가장 중요한 것으로, 의는 하나님과의 관계를 의미한다(갈 4:6). 우리는 하나님을 아빠 아버지로 부르는 권세를 가졌다(요 1:12). 사탄은 성도로 죄를 짓게 하고 죄책감을 불어넣어 결국 하

172 브라이언 보그먼&롭 벤투라, ≪영적 싸움≫, 92.

나님과의 관계를 깨뜨리려고 한다. 따라서 어떤 상황에서도 의심하거나 흔들리지 않는 것이 중요하다. 의의 호심경은 하나님과의 관계에 대한 굳건한 신뢰로 성도의 마음을 지켜준다(롬 8:35-39).

평안의 복음이 준비한 것으로 신을 신고

흔히 전쟁의 잔인함을 비유할 때 '군화에 짓밟히다', '군대가 짓밟다'라는 표현을 사용한다. 성경은 성도에게 '평안의 복음을 전할 신'을 신으라고 명령한다. 보통 전쟁의 목적은 살인과 멸망이지만 성도의 영적 전쟁은 그 지향점이 완전히 다르다. 바로 평안(peace)이다.

사탄의 특징은 분열, 분쟁, 다툼, 전쟁, 속임, 살인, 음란, 도둑질, 탐욕이다(막 7:21-22; 갈 5:20). 그리스도인은 화목케 하는 직분을 받은 자들이다(롬 12:18; 고후 5:18-19). 이 평안은 복음으로부터 나온다. 사랑, 나눔, 섬김, 희생, 오래 참음을 통해 평안이 성취된다. 성도의 영적 전쟁은 누군가를 짓밟아 몰아내고 죽이는 것이 아니라, 사랑하고 용서하는 복음의 능력으로 화목을 이루는 것이다.

믿음의 방패를 가지고

전쟁에서 방패는 중요한 방어 수단으로, 불화살의 공격을 막아낸다. 특히 로마 군병의 방패는 전신을 보호한다. 영적 전쟁에서는 믿음이 방패의 역할을 한다. 불화살은 원거리에서 상대방을 공격하는 무기다. 성경은 악한 자들이 불화살을 이용하여 원거리에서 성도를 공격하고 있다고 알려준다. 이것을 막을 수 있는 방법이 믿음이다.

다른 무기들과 달리 믿음의 방패를 잘 활용하기 위해서는 성도 개개인의 의지와 훈련이 필요하다. 성경은 믿음을 '크고 작음', '있고 없음'으로 상대화하여 말한다. 이는 개인마다 믿음의 활용도에 차이가 있음을 보여준다. 영적 전쟁의 성패는 일상의 믿음 훈련에서 결정된다.

영적 전쟁터는 믿음대로 살아가기 위해 치열하게 몸부림치는 삶의 현장이다. 삶으로 나타나지 않는 믿음, 즉 행함이 없는 믿음은 죽은 믿음이다(약 2:26). 믿는바를 삶으로 살아내는 것이 믿음의 방패를 높이 드는 것이다(롬 12:1).[173] 그럴 때 악한 자의 모든 불화살을 능히 막을 수 있다.

구원의 투구를 가지라

바울 시대의 투구는 머리를 보호하는 용도이면서, 동시에 자신이 속한 부대와 그에 대한 충성을 확인하는 중요한 수단이었다.[174] '구

173 "믿음은 감정이 아니라 삶의 태도다. 우리가 하나님의 함께하심을 확신하며 담대히 행할 때 사탄이야말로 두려움을 느낀다." 조이스 마이어, ≪마음 전쟁 끝내기≫, 121.

174 Douglas J. Rumford, *What about Spiritual Warfare?* (Wheaton, Ill.: Tyndale House Publishers, 2000), 63-64.

원의 투구' 역시 이 두 역할을 한다. 우리의 생각을 지켜줌과 동시에 우리의 대장이 누구인지 분명히 보여주는 것이다.

성경은 구원을 머리와 연결시키는데, 이를 통해 구원은 감정적인 영역이 아닌 인지의 영역임을 알 수 있다. 감정은 하루에도 수십 수백 번 요동한다. 그러나 구원은 감정과 관계 없이 기록된 말씀에 근거한다. 성도는 복음을 듣고 깨달아 그것을 입으로 고백하여 구원에 이른다(마 13:23; 행 7:25; 골 1:6; 딤후 3:15).

구원의 투구는 우리 대장이 누구인지 보여준다. 우리가 구원받았다는 것은 더 이상 사탄의 자녀가 아닌 하나님의 자녀가 되었다는 뜻이다. 하나님의 승리는 곧 우리의 승리다(요일 4:4-6).[175] 우리는 하나님의 군대이기 때문에 죄를 상대로 피흘리기까지 싸워야 한다(히 12:4; 계 2:10). 동시에 위험에 처하거나 실패했을지라도 절대 낙망하지 말아야 한다. 하나님이 우리의 대장이기 때문이다(사 43:11; 호 13:4).

성령의 검 곧 하나님의 말씀을 가지라

전신갑주를 하나하나 구분해서 설명하고 있지만, 이 모든 것이 말씀과 관련된다. 지금까지는 말씀이 방어적 도구로서의 역할을 했다면, '성령의 검'은 말씀의 공격적인 역할을 보여준다. 하나님의 말씀은 우리에게 다가오는 영적 공격을 즉각적으로 해결할 수 있

175 토마스 화이트, ≪능력 전투≫, 54-57.

는 중요한 무기다.

- **두려울 때:** "하나님이 우리에게 주신 것은 두려워하는 마음이 아니요 오직 능력과 사랑과 절제하는 마음이니" 딤후 1:7

- **근심 걱정이 몰려올 때:** "아무 것도 염려하지 말고 다만 모든 일에 기도와 간구로, 너희 구할 것을 감사함으로 하나님께 아뢰라 그리하면 모든 지각에 뛰어난 하나님의 평강이 그리스도 예수 안에서 너희 마음과 생각을 지키시리라" 빌 4:6-7

- **죄책감에 시달릴 때:** "만일 우리가 우리 죄를 자백하면 그는 미쁘시고 의로우사 우리 죄를 사하시며 우리를 모든 불의에서 깨끗하게 하실 것이요" 요일 1:9

- **외로움이 찾아올 때:** "이스라엘을 지키시는 이는 졸지도 아니하시고 주무시지도 아니하시리로다 여호와는 너를 지키시는 이시라 여호와께서 네 오른쪽에서 네 그늘이 되시나니 낮의 해가 너를 상하게 하지 아니하며 밤의 달도 너를 해치지 아니하리로다" 시 121:4-6

- **실패로 괴로울 때:** "너희는 이전 일을 기억하지 말며 옛날 일을 생각하지 말라 보라 내가 새 일을 행하리니 이제 나타낼 것이라 너희가 그것

을 알지 못하겠느냐 반드시 내가 광야에 길을 사막에 강을 내리니 장차 들짐승 곧 승냥이와 타조도 나를 존경할 것은 내가 광야에 물을, 사막에 강들을 내어 내 백성, 내가 택한 자에게 마시게 할 것임이라" 사 43:18-20

- **고난으로 힘들 때:** "나는 비천에 처할 줄도 알고 풍부에 처할 줄도 알아 모든 일 곧 배부름과 배고픔과 풍부와 궁핍에도 처할 줄 아는 일체의 비결을 배웠노라 내게 능력 주시는 자 안에서 내가 모든 것을 할 수 있느니라" 빌 4:12-13

항상 성령 안에서 기도하라

예수님은 겟세마네 동산에서 함께 있던 제자들에게 "시험에 들지 않게 일어나 기도하라"(눅 22:46)고 권면하셨다. 기도는 영적 전쟁을 이기는 필수 요소이다.[176] 기도는 전쟁터의 무전기와 같다. 사령관이신 하나님의 지시와 명령을 받는 통로가 되기 때문이다.[177]

기도하되 '성령 안에서' 해야 하는 이유는 우리는 연약하여 마땅히 기도할 바를 알지 못하기 때문이다(롬 8:26). 보통 위기 상황

---

176 Edward F. Murphy, *The handbook for spiritual warfare*, 412.

177 "하나님께서는 우리에게 기도를 전시용 무전기로 주셨으며 그리스도의 나라가 세상에서 전진할 때 우리에게 필요한 것을 본부에 요청하는 데 쓰라고 하셨다." 존 파이퍼, ≪열방을 향해 가라≫*(Let the nations be glad)*, 김대영 역(좋은씨앗, 2003), 67.

이 닥치면 두려움과 염려가 밀려오기 마련이다. 이로 인해 기도의 내용은 문제 해결에 집중될 수밖에 없다. 이때 성도는 정신을 차리고 이 상황 속에서 무엇을 기도하기 원하시는지 성령 안에서 살펴야 한다. 그래야 위기의 진짜 원인을 발견할 수 있고, 전혀 예상하지 못했던 해결 방법을 찾을 수도 있다. 또한 상황을 견딜 힘을 얻기도 한다.

영적 전쟁에서 승리하기

많은 그리스도인이 영적 전쟁을 특별한 은사를 가진 사람들의 특별한 사역으로 오해하곤 한다. 사실 성경에는 영적 전쟁이라는 단어 자체가 등장하지 않는다. 바울은 영적 전쟁을 "씨름"이라고 표현한다(엡 6:12). 영적 전쟁은 모든 그리스도인이 신앙생활 가운데 겪는 필수적인 성장 과정이다. 영적 전쟁 중 사탄의 미혹에 빠져 하나님의 구원 역사에서 멀어지는 경우도 있지만, 건강한 신앙생활을 유지한다면 누구나 승리할 수 있다.

기본을 지켜라

잘 훈련된 병사가 전쟁에서 승리할 수 있듯이, 그리스도인이 영적 전쟁에서 승리하기 위해서는 반드시 훈련이 필요하다. 성도는 주님이 오시는 날까지 사탄의 공격으로부터 자신을 지켜야 한다(유

1:20-21). 영적 전쟁을 위한 훈련은 모든 그리스도인이 지향해야 할 경건의 연습이며 제자의 삶이다.[178]

- **규칙적으로 말씀을 묵상하라**

"오직 강하고 극히 담대하여 나의 종 모세가 네게 명령한 그 율법을 다 지켜 행하고 우로나 좌로나 치우치지 말라 그리하면 어디로 가든지 형통하리니 이 율법책을 네 입에서 떠나지 말게 하며 주야로 그것을 묵상하여 그 안에 기록된 대로 다 지켜 행하라 그리하면 네 길이 평탄하게 될 것이며 네가 형통하리라" 수 1:7-8

- **성령 안에서 항상 기도하라**

"사랑하는 자들아 너희는 너희의 지극히 거룩한 믿음 위에 자신을 세우며 성령으로 기도하며 하나님의 사랑 안에서 자신을 지키며 영생에 이르도록 우리 주 예수 그리스도의 긍휼을 기다리라" 유 1:20-21

- **범사에 감사하라**

"그리스도의 평강이 너희 마음을 주장하게 하라 너희는 평강을 위하여 한 몸으로 부르심을 받았나니 너희는 또한 감사하는 자가 되라 그리스도의 말씀이 너희 속에 풍성히 거하여 모든 지혜로 피차 가르치며 권면하고 시와 찬송과 신령한 노래를 부르며 감사하는 마음으로 하나님을

---

178 제리 랜킨, ≪영적 전쟁 이렇게 승리하라≫, 323.

찬양하고 또 무엇을 하든지 말에나 일에나 다 주 예수의 이름으로 하고 그를 힘입어 하나님 아버지께 감사하라" 골 3:15-17

- **공동체 안에서 서로 섬기며 사랑하라**

"우리는 형제를 사랑함으로 사망에서 옮겨 생명으로 들어간 줄을 알거니와 사랑하지 아니하는 자는 사망에 머물러 있느니라 그 형제를 미워하는 자마다 살인하는 자니 살인하는 자마다 영생이 그 속에 거하지 아니하는 것을 너희가 아는 바라" 요일 3:14-15

- **영과 진리로 예배하라**

"오직 큰 능력과 편 팔로 너희를 애굽에서 인도하여 내신 여호와만 경외하여 그를 예배하며 그에게 제사를 드릴 것이며 … 오직 너희 하나님 여호와만을 경외하라 그가 너희를 모든 원수의 손에서 건져내리라 하셨으나" 왕하 17:36, 39

- **경건 훈련에 참여하라**

"육체의 연단은 약간의 유익이 있으나 경건은 범사에 유익하니 금생과 내생에 약속이 있느니라" 딤전 4:8

- **공동체 안에 머물라**

"오직 오늘이라 일컫는 동안에 매일 피차 권면하여 너희 중에 누구든지

죄의 유혹으로 완고하게 되지 않도록 하라" 히 3:13

선포의 능력을 믿으라

신앙생활을 하다 보면, 생각지도 못한 때에 감당하기 어려운 영적 공격을 받을 때가 있다. 혹은 평소와는 달리 스스로 제어할 수 없는 감정에 휩싸일 때도 있다. 갑작스러운 두려움, 염려, 공포, 걱정, 분노, 음욕 등에 압도될 것 같은 위급한 상황에서 마귀를 대적하는 방법은 선포이다.

- **예수님의 이름으로 대적하라**

  "너희가 내 이름으로 무엇을 구하든지 내가 행하리니 이는 아버지로 하여금 아들로 말미암아 영광을 받으시게 하려 함이라" 요 14:13

- **예수님의 보혈의 권세로 대적하라**

  "또 우리 형제들이 어린 양의 피와 자기들이 증언하는 말씀으로써 그를 이겼으니 그들은 죽기까지 자기들의 생명을 아끼지 아니하였도다" 계 12:11

- **성령의 검인 하나님의 말씀으로 대적하라**

  "하나님의 말씀은 살아 있고 활력이 있어 좌우에 날선 어떤 검보다도 예리하여 혼과 영과 및 관절과 골수를 찔러 쪼개기까지 하며 또 마음의

생각과 뜻을 판단하나니" 히 4:12

- **찬양으로 대적하라**

"내가 하나님을 의지하고 그 말씀을 찬송하올지라 내가 하나님을 의지하였은즉 두려워하지 아니하리니 혈육을 가진 사람이 내게 어찌하리이까" 시 56:4

- **공동체가 함께 기도하며 대적하라**

"진실로 다시 너희에게 이르노니 너희 중의 두 사람이 땅에서 합심하여 무엇이든지 구하면 하늘에 계신 내 아버지께서 그들을 위하여 이루게 하시리라 두세 사람이 내 이름으로 모인 곳에는 나도 그들 중에 있느니라" 마 18:19-20

승리의 면류관을 얻는 그날까지

모든 성도는 영적 전쟁에 부름받은 주의 군사이다(빌 2:25). 하나님께 속한 이상 이 전쟁을 피할 수는 없다. 하지만 두려워하지 않아도 되는 것은 이미 승리가 선포되었기 때문이다(요 16:33). 예수님이 십자가에서 죽으심으로써 사탄의 권세도 죽었다. 하나님이 이 전쟁에 우리를 동참시키신 이유는 승리의 기쁨을 나누기 위함이고, 전쟁에 참여한 모든 성도에게 상급을 주시기 위함이다.

하나님은 성도가 영적 전쟁에서 승리하여 상급, 곧 승리의 면류관을 받기 원하신다. 우리가 하나님의 자녀가 된 것은 전적인 은혜이지만, 그분의 품 안에서 풍성함을 누리는 것은 우리의 몫이다. 마찬가지로 전쟁에 참여하게 된 것은 하나님의 부르심이지만, 상급은 우리의 충성에 따라 좌우된다(계 2:10).

이스라엘 백성이 가나안에 입성한 것은 하나님의 절대적인 은혜였다. 하지만 가나안의 젖과 꿀은 공짜가 아니었다. 전쟁을 통해 가나안의 일곱 족속을 몰아내야 그 풍성함을 누릴 수 있었다. 전쟁에서 승리하는 만큼 누릴 수 있는 상급이 달라진다.

땅을 정복한 것으로 끝나지 않는다. 가나안과 이방 족속들로부터 그 땅을 잘 지켜야 한다. 땅을 관리하는 방법은 군사력에 달려 있지 않다. 하나님의 말씀대로 살 때에는 부요와 평안이 유지되고 확장되지만, 그렇지 않을 때에는 전쟁이 일어나 생명과 풍성한 삶을 잃어버리고 만다(신 30:20).

교회 시대를 살아가는 성도 역시 마찬가지다. 하나님의 자녀가 되어 그분의 나라를 유업으로 받은 것은 전적인 은혜이다. 하지만 하나님 나라를 얼마만큼 풍성하게 누리는가는 우리의 몫이다. 사탄은 하나님 나라를 빼앗기 위해 끊임없이 성도를 공격한다. 성도는 죄와 싸워야 하고, 마음을 지켜야 하고, 세상을 분별해야 한다. 이 싸움을 어떻게 준비하여 사탄을 대적하느냐에 따라 풍성한 삶, 즉 상급이 달라진다.

영적 전쟁은 하나님이 주신 승리를 그분과 함께 취하는 과정이다. 쉽지 않은 과정일 수 있지만, 분명한 것은 기쁨이고 영광스런 싸움이라는 것이다.

부르심	영적 전쟁	승리	상급
출애굽	광야 40년	가나안 입성	젖과 꿀
가나안 입성	정복 전쟁	땅을 얻음	땅을 분배함
십자가 구원	신앙생활 전체	하나님 나라를 소유함	생명과 풍성한 삶

영적 전쟁은 육체를 지배하는 죄와의 싸움이고,
우리 마음에 있는 하나님 나라를 지키는 싸움이며,
세상적 가치관과의 싸움이다.

맺으며

기원전 586년, 남유다가 느부갓네살 왕에 의해 패망했다. 많은 사람이 바벨론에 포로로 끌려갔는데, 그중 우리가 잘 아는 다니엘이 있다. 그는 바벨론, 메디아, 페르시아 3개의 제국을 거치며 총리로 활동한 특별한 신앙의 선배이다. 다니엘은 왕의 음식을 거절한 것과 사자굴에서 살아난 사건으로 유명하다. 하지만 이보다 더 주목할 것은 그가 영적 전쟁의 위대한 승리자라는 사실이다.

다니엘이 살던 곳은 치열한 영적 전쟁터였다. 문화, 가치관, 사상, 종교 등 모든 환경이 하나님을 대적하는 이방 세상이었다. 통치자와 권세들은 하나님을 부정했고, 하나님을 믿는 자들을 괴롭히고 죽이기도 했다.

오늘날을 살아가는 그리스도인은 모두 다니엘 같은 영적 전쟁의 현장에 있다. 하나님을 인정하지 않는 통치자와 권세들, 하나님을 대적하는 문화와 가치관들, 거룩을 파괴하는 온갖 죄의 유혹들, 그리고 하나님에게서 멀어지게 하는 수많은 미혹들이 주변을 에워싸고 있다.

어쩌면 이런 세상에서 믿음을 지킨다는 것 자체가 불가능해 보일 수도 있다. 급변하는 영적 전쟁터에서 살아갈 신앙의 후배들에게 다니엘은 중요한 메시지를 들려준다.

> "그가 또 언약을 배반하고 악행하는 자를 속임수로 타락시킬 것이나 오직 자기의 하나님을 아는 백성은 강하여 용맹을 떨치리라" 단 11:32

다니엘 11장은 남방 왕과 북방 왕의 치열한 전쟁을 설명한다. 국가의 존폐를 떠나 한 개인의 목숨조차 보장받지 못하는 전쟁터에서 믿음의 사람은 어떻게 살아야 하는가? 답은 '하나님을 아는 것'이다.

하나님을 안다는 것은, 남녀간의 친밀한 관계처럼, 하나님과의 온전한 연합을 의미한다(요 15:7). 성경이 말하는 죽음은 생명되신 하나님과의 단절을 의미한다. 가지가 나무에서 떨어져나가면 생명을 잃는 것과 같은 이치다. 하나님과의 연합은 바로 이 생명의 회복을 의미한다. 이것을 "영생"이라고 한다(17:3).

생명력 있는 생명체가 수많은 어려움을 극복해내는 것처럼, 영생을 소유한 그리스도인은 어떤 어려움도 능히 이길 수 있다. 하나님을 아는 자, 곧 하나님과 연합한 자는 그분의 능력으로 강해져서 모든 것을 할 수 있다(빌 4:13).

하나님을 아는 자는 강하다. '강하다'(하자크, *ḥāzaq;)*는 '확고부동하다, 튼튼하다, 흔들리지 않는다, 견고하다'는 의미다. 하나님을 아는 자는 외부의 어떠한 공격에도 흔들리지 않는다. 다니엘은 성도를 향한 공격을 '속임수'라고 표현한다. 사탄은 거짓의 아비다. 사탄은 두려움을 조장하여 사람을 지배하지만, 하나님을 아는 자는 두려워하지 않고 강하고 담대하게 상대를 대적한다(딤후 1:7).

하나님을 아는 자는 용맹을 떨친다. '용맹을 떨친다'(아사, *'āśâ;)*는 '일하다, 행하다, 만들다, 이루다'라는 매우 능동적인 뜻이다. '아사'라는 단어는 하나님의 창조 기사에 많이 등장한다. 하나님의 형상대로 지음받고 하나님 나라를 세우는 일에 부름받은 성도가 이 땅에서 해야 할 사명을 보여주는 단어이기도 하다. 하나님을 아는 자는 자신의 믿음을 지키는 것에서 멈추지 않고 세상을 바꾼다.

사탄이 가장 싫어하는 것은 이 세상이 하나님의 다스림을 받는 것, 그래서 하나님 나라로 회복되는 것이다. 반대로 우리가 간절히 소망해야 할 것은 이 세상이 하나님의 나라가 되는 것이다. 그래서 이 둘 사이에는 끊임없는 갈등이 생길 수밖에 없다.

사탄은 하나님을 아는 성도를 싫어한다. 그들을 통해 하나님 나라가 이 땅에 임하기 때문이다. 하나님을 아는 자가 바로 복의 근원이다. 만국이 이들로 인해 복을 얻을 것이다.

영적 전쟁은 우리에게 주어진 하나님 나라를 지키는 것이며, 동시에 아직 정복되지 않은 세상이 하나님 나라가 되게 만드는 것이다. 그리스도인은 하나님을 아는 지식으로 강해져서 자신을 단단하게 지키면서 나아가 이 땅을 정복하고 다스려야 한다(창 1:28).

영적 전쟁은 단순히 개인의 삶에 국한되지 않는다. 하나님 나라는 끊임없이 침노당하고 또한 침노한다. 성도와 교회가 치르는 영적 전쟁은 하나님 나라의 확장을 의미한다. 영적 전쟁과 승리를 통해 하나님의 통치가 임하지 않는 곳에 하나님의 법과 질서가 세워진다. 기억하라. 그리스도인이 이 전쟁을 멈추는 순간, 이 땅에 사탄의 나라가 확장된다.

영적 전쟁은 예수님을 닮아가는 것이다. 이 땅에 하나님 나라를 확장하기 위해 목숨을 바쳐 싸우신 대장 예수를 닮아가는 것이다. 우리가 이 위대한 사역에 부름을 받았으며, 결코 물러서지 말아야 한다. 전쟁의 승리가 이미 선포되었다!

> "이것을 너희에게 이르는 것은 너희로 내 안에서 평안을 누리게 하려 함이라 세상에서는 너희가 환난을 당하나 담대하라 내가 세상을 이기었노라"
>
> 요 16:33

참고문헌

1 김진. 그리스도인은 인간을 어떻게 이해해야 하는가. 서울:뜨인돌. 1999.

2 김남준. 성수주일. 서울:익투스. 2015.

3 김창현. 7일간의 기쁨 회복. 고양:이레서원. 2015.

4 _____. 아무것도 하지 않는 영성. 고양:예수전도단. 2013.

5 대천덕. 나와 하나님. 예수원 엮음. 서울:홍성사. 2004.

6 박득훈. 돈에서 해방된 교회: 교묘한 맘몬 숭배에서 벗어나는 길. 서울:포이에마. 2014.

7 배제민. 새로운 형태의 모세오경 연구. 서울:총신대학교출판부. 1984.

8 손석태. 이스라엘의 선민 사상. 서울:성광문화사. 2001.

9 송병현. 엑스포지멘터리 민수기. 서울:국제제자훈련원. 2013.

10 _____. 엑스포지멘터리 역대하. 서울:국제제자훈련원. 2015.

11 _____. 엑스포지멘터리 창세기. 서울:국제제자훈련원. 2010.

12 왕대일. 성서주석: 민수기. 서울:대한기독교서회. 2015.

13 이찬수. 우리에게 귀신은 무엇인가?: 한국 종교의 귀신론. 서울:모시는사람들. 2010.

14 이필찬. 요한계시록 어떻게 읽을 것인가. 서울:성서유니온선교회. 2009.

15 _____. 내가 속히 오리라. 서울:이레서원. 2010.

16 천사무엘. 성서주석1: 창세기. 서울:대한기독교서회. 2001.

17 최종진. 구약 성서의 족보적 연구. 서울:서울신학대학교출판부. 2010.

18 탁지일. 교회와 이단. 서울:두란노서원. 2016.

19 Allen, Ronald B. "Numbers." in *The Expositor's Bible Commentary.* Grand Rapids: Zondervan. 2012.

20 Anderson, Neil T. & Timothy M. Warner. *The Beginner's Guide to Spiritual Warfare*. 영적 전쟁 이렇게 하라. 진희경 역. 서울:쉐키나. 2009.

21 Anderson, Neil T. *Victory over the darkness*. 내가 누구인지 이제 알았습니다. 유화자 역. 서울:죠이선교회. 1990.

22 ____________. *Bondage breaker*. 이제 자유입니다. 유화자 역. 서울:죠이선교회. 1994.

23 Arnold, Clinton E. *Crucial questions about spiritual warfare*. 영적 전쟁의 정석. 한화룡 역. 서울:대서. 2016.

24 Arterburn, Stephen. *Toxic faith: experiencing healing from painful spiritual abuse*. 해로운 믿음. 문희경 역. 서울:죠이선교회. 2003.

25 Aune, David E. *Word Biblical Commentary: Revelation 6-16.* WBC 성경주석: 요한계시록 6–16. 김철 역. 서울:솔로몬. 2004.

26 Borgman, Brian S&Rob Ventura. *Spiritual warfare.* 영적 싸움. 조계광 역. 서울:생명의말씀사. 2014.

27 Brown, Harold O. J. *Heresy and Orthodoxy in the History of the Church.* 교회사 안에 나타난 이단과 정통. 라은성 역. 서울:그리심. 2002.

28 Budd, Philip. *Word Biblical Commentary: Numbers.* WBC 성경주석: 민수기. 박신배 역. 서울:솔로몬. 2014.

29 Clowney, Edmund. *Discovering Christ In The Old Testament.* 구약에 나타난 그리스도. 네비게이토 역. 서울:네비게이토. 1991.

30 Covey, Stephen R. From effectiveness to Greatness the 8th habit. 성공하는 사람들의 8번째 습관. 김경섭 역. 서울:김영사. 2004.

31 ____________. *Principle centered leadership.* 원칙 중심의 리더십. 김경섭&박창규 역. 서울:김영사. 2001.

32 Dean, Robert & Thomas Ice. *What the bible teaches about Spiritual Warfare.* Grand Rapids: Kregel Publications. 2000.

33 Dickason, C. Fred. *Demon possession & the Christian.* Wheaton, Ill.: Crossway Books. 1993.

34 Foster, Richard J. *Money, Sex & Power.* 돈 섹스 권력. 김영호 역. 서울:두란노서원. 2004.

35 Gage, Warren Austin. *Gospel of genesis studies in protology and eschatology.* 창세기의 복음. 손석태 역. 서울:솔로몬. 1999.

36 Graham, James R. *The Divine Unfolding of God's Plan of Redemption.* Grand Rapids:

Kessinger Publishing. 2011.

37 Guinness, Os. *God in the dark: the assurance of faith beyond a shadow of doubt.* 회의하는 용기: 회의를 넘어 믿음의 확신으로. 윤종석 역. 서울:복있는사람. 2008.

38 Hagner, Donald A. *Word Biblical Commentary: Matthew 1-13.* WBC 성경주석: 마태복음 1-13. 채천석 역. 서울:솔로몬. 1999.

39 Hemphill, Kenneth S. *Making change: a transformational guide to Christian money management.* Nashville: Broadman & Holman Publishers. 2006.

40 Hill, Craig&Earl Pitts. *Wealth, Riches & Money.* 그리스도인의 재정 원칙. 허령 역. 서울:예수전도단. 2004.

41 Huckaby, Chuck. *"Spiritual Warfare in the Book of Numbers".* Reformation and RevivalVol. 4, No. 1. Carol Stream, Illinois: Reformation & Revival Ministries. 1995. 43-56.

42 Johnson, Luke T. *Sharing possessions.* 소유와 분배. 최태영 역. 서울:대장간. 1990.

43 Jones, E. Stanley. *Song of ascents: a spiritual autobiography.* 순례자의 노래. 김순현 역. 서울:복있는사람. 2007.

44 Keener, Craig S. *The NIV Application Commentary: Revelation.* NIV 적용 주석: 요한계시록. 배용덕 역. 서울:솔로몬. 2011.

45 Kraft, Charles H. "Dealing with Demonization". *"Behind Enemy Lines: An Advanced Guide to Spiritual Warfare".* Eugene, Or.: Wipf and Stock Publishers. 2000.

46 Leupold, H. C. *Exposition of Genesis.* 반즈 성경주석: 창세기 상. 최종태 역. 서울:크리스챤서적. 1993.

47 Lewis, C. S. *Mere Christianity.* 순전한 기독교. 장경철&이종태 역. 서울:홍성사. 2001.

48 __________. *Screwtape letters.* 스크루테이프의 편지. 김선형 역. 서울:홍성사. 2000.

49 Marshall, Tom. *Authority in heaven, authority on earth.* 성경으로 열리는 영적 전쟁. 유정희 역. 고양:예수전도단. 2010.

50 Maxwell, John C. *The 360-degree leader: developing your influence from anywhere in the organization.* Conordville, Pa.: Soundview Executive Book Summaries. 2006.

51 McClung, Floyd. Father heart of God. 하나님의 아버지 마음. 김대영 역. 서울:예수

전도단. 1997.

52 Meyer, Joyce. *Power Thoughts.* 마음 전쟁 끝내기. 정성묵 역. 서울:두란노서원. 2011.

53 Murphy, Edward F. *The handbook for spiritual warfare.* Nashville: T. Nelson. 1992.

54 Newbigin, Lesslie. 기독교의 새로운 출발을 위하여. 이문장 역. 안양:대장간. 1994.

55 ______________. *Household of God.* 교회란 무엇인가. 홍병룡 역. 서울:IVP. 2010.

56 Niebuhr, Reinhold. *Moral man and immoral society.* 도덕적 인간과 비도덕적 사회. 이한우 역. 서울:문예출판사. 1995.

57 Noordtzij, A. *Het boek Numeri.* 반즈 성경주석: 민수기. 최종태 역. 서울:크리스챤서적. 1991.

58 Olson, Dennis T. *Numbers interpretation.* 민수기: 목회자와 설교자를 위한 주석. 차종순 역. 서울:한국장로교출판사. 2017.

59 Ortberg, John. the Life You've Always Wanted. 평범 이상의 삶. 김주성&윤관희 역. 서울:사랑플러스. 2005.

60 Osborne, Larry W. Spirituality for the rest of us. 일상을 걷는 평범한 그리스도인의 영성. 홍종락 역. 서울:디모데. 2010.

61 Parunak, H. Van Dyke. *"Oral Typesetting: Some Uses of Biblical Structure".* Biblica Vol. 62, No. 2.Leuven: Peeters Publishers, 1981. 153-168.

62 Packer, J. I. & Thomas C. Oden. *One faith : the evangelical consensus.* 복음주의 신앙 선언. 정모세 역. 서울: IVP. 2014.

63 Peck, M. Scott. *People of the lie.* 거짓의 사람들. 윤종석 역. 서울:두란노서원. 1991.

64 ___________. *Gifts for the Journey.* 주와 함께 가는 여행. 채천석 역. 서울:그루터기하우스. 2003.

65 Penn-Lewis, Jessie. *Secrets of spiritual warfare.* 영을 분별하는 그리스도인. 장택수 역. 고양:예수전도단. 2012.

66 Peterson, Eugene H. *I & II Samuel.* 사무엘서 강해. 박성혁 역. 서울:아바서원. 2013.

67 Piper, John. *Let the nations be glad.* 열방을 향해 가라. 김대영 역. 서울:좋은씨앗. 2003.

68 Rankin, Jerry & Ed Stetzer. *Spiritual Warfare and Mission: The Battle for God's Glory among the Nations.* Nashville: B & H Publishing Group. 2010.

69 Rankin, Jerry. *Spiritual warfare:the battle for God's glory.* 영적 전쟁 이렇게 승리하라: 성경에 근거한 복음주의적 영적 승리의 비결. 서진영 역. 서울:요단. 2012.

70 Rumford, Douglas J. *What about Spiritual Warfare?* Wheaton, Ill.: Tyndale House Publishers. 2000.

71 Sande, Ken. *The peacemaker: a biblical guide to resolving personal conflict.* Grand Rapids: Baker Book House. 2004.

72 Sanders, J. Oswald. *Satan is no myth.* Chicago: Moody Press. 1975

73 Scanlan, Michael & Randall J. Cirner. *Deliverance from evil spirits.* 능력 대결. 이재범 역. 서울:나단. 1995.

74 Schaeffer, Francis A. *Genesis in space and time.* 창세기의 시공간성. 권혁봉 역. 서울: 생명의말씀사. 1995.

75 Scott, Jack B. *God's plan unfolded.* 구약에 나타난 하나님의 구원 사역. 한재석 역. 서울: 크리스챤서적. 1991.

76 Sherman, Dean. *Spiritual Warfare For Every Christian.* 모든 그리스도인을 위한 영적 전쟁. 이상신 역. 고양:예수전도단. 2010.

77 Tournier, Paul. *Les Forts et Les Faibles.* 강자와 약자. 정동섭 역. 서울: IVP. 2000.

78 __________. *L'Abenture de la Vie.* 모험으로 사는 인생. 정동섭&박영민 역. 서울: IVP. 1994.

79 Unger, Merrill F. What demons can do to saints. 성도를 향한 귀신들의 도전. 정학봉 역. 서울: 요단. 1985.

80 Watson, David. *Discipleship.* 제자도. 문동학 역. 서울:두란노서원. 1999.

81 Wenham, Gordon J. *Word Biblical Commentary: Genesis 16-50.* WBC 성경주석: 창세기 16-50. 윤상문 역. 서울:솔로몬. 2001.

82 White, Thomas B. *Believer's guide to spiritual warfare.* 능력 전투. 이재범 역. 서울: 나단. 1994.

83 Winch, Guy. *squeaky wheel.* 불평하라: 모든 변화를 이끌어내는 불평의 기술. 윤미나 역. 파주:문학동네. 2012.

84 Wink, Walter. *Unmasking the powers: the invisible forces that determine human existence.* 사탄의 가면을 벗겨라: 인간의 삶을 결정하는 보이지 않는 힘들. 박만 역. 고양:한국기독교연구소. 2005.

85 __________. *Engaging the powers.* 사탄의 체제와 예수의 비폭력. 한성수 역. 서울: 한국기독교연구소. 2004.

86 Wright, N. T. *Following Jesus: Biblical Reflections on Discipleship.* 나를 따르라: 톰 라이트의 기독교 제자도. 이혜진 역. 파주:살림출판사. 2008.

성경으로 읽는 영적 전쟁

2025년 1월 22일 1판 1쇄 펴냄

지은이 김창현
펴낸곳 도서출판 예수전도단
출판 등록 1989년 2월 24일 (제2-761호)
주소 서울특별시 관악구 신림로7나길 14
전화 02-6933-9981 · **팩스** 02-6933-9989
이메일 ywam_publishing@ywam.co.kr
홈페이지 www.ywampubl.com

ISBN 978-89-5536-643-3

책값은 뒤표지에 있습니다.
잘못된 책은 바꾸어 드립니다.